LE MARI

D'UNE

JOLIE FEMME

PAR

MAXIMILIEN PERRIN

2

PARIS
ALEXANDRE CADOT, ÉDITEUR
37, rue Serpente

LE MARI D'UNE JOLIE FEMME

Ouvrages divers.

Marcof le Malouin, par Ernest Capendu.	8 vol.
Un Amour du Czar, par Victor Perceval.	2 vol.
Le Mari d'une jolie Femme par Max. Perrin.	2 vol.
Fanfan Latulipe, par Charles Deslys.	2 vol.
Fille d'une joueuse (la), par madame Ancelot.	3 vol.
Pré Catelan (le), par Ernest Capendu.	3 vol.
Mystères (les) **du village**, par Henry de Kock.	5 vol.
Cochon (le) **de Saint-Antoine**, par Charles Hugo.	3 vol.
Compagnons (les) **de Minuit**, par Charles Deslys.	3 vol.
Chevalier (le) **de Floustignac**, par Adrien Paul.	3 vol.
Nicette, par le même.	2 vol.
Cadet (le) **de famille**, par Alexandre de Lavergne.	3 vol.
Femmes (les) **de la Bourse**, par Henry de Kock.	2 vol.
Mariage (le) **aux écus**, par Maximilien Perrin.	2 vol.
Secrets (les) **de l'oreiller**, par Eugène Sue.	7 vol.
Fils (les) **de famille**, par le même.	9 vol.
L'Été de la Saint-Martin, par A. de Gondrecourt.	2 vol.
Baron (le) **d'Arnouville**, par le même.	4 vol.
Spectre (le) **de Châtillon**, par Élie Berthet.	5 vol.
Un Zouave, par Charles Deslys.	5 vol.
Un Portier qui se dérange, par Marc Leprevost.	3 vol.
Nanette (la), par Prosper Vialon.	3 vol.
Comte (le) **de Vermandois**, par le bibliophile Jacob	7 vol.
Georgine, par madame Ancelot.	2 vol.
Une Anglaise sur le continent, par Prosper Vialon.	4 vol.
Histoire de ma vie, par George Sand.	20 vol.
Comtesse (la) **de Bossut**, par la comtesse Dash.	3 vol.
Un Monde inconnu, par Paul Duplessis.	2 vol.
Pénélope (la) **normande**, par Alphonse Karr.	2 vol.
Perle (la) **du Palais-Royal**, par X. de Montépin.	3 vol.
Une Passion diabolique, par Maximilien Perrin.	2 vol.
Sophie Printemps, par Alexandre Dumas fils.	2 vol.
Princesse (la) **Palatine**, par la comtesse Dash.	3 vol.
Capitaine (le) **Bravaduria**, par Paul Duplessis.	2 vol.
Famille (la) **Jouffroy**, par Eugène Sue.	7 vol.
Corps (le) **franc des Rifles**, par Mayne-Reid.	4 vol.
Ensorcelée (l'), par Barbey d'Aurevilly.	2 vol.
Hommes (les) **des Bois**, par le marquis de Foudras	2 vol.
Deux routes de la vie, par G. de la Landelle.	4 vol.
Coureur (le) **des Bois**, par Gabriel Ferry.	7 vol.

Fontainebleau. — Imp. de E. Jacquin.

LE MARI

D'UNE

JOLIE FEMME

PAR

MAXIMILIEN PERRIN

1

PARIS
ALEXANDRE CADOT, ÉDITEUR
37, rue Serpente.
1859

I

Le quartier des étudiants est un quartier spécial, dont les mœurs, les allures ne ressemblent en aucune façon aux mœurs et habitudes de la rive droite. C'est un peuple à part, une jeunesse folle, rieuse, tapageuse, excentrique, et menant l'existence en partie double.

C'est là, dans ce coin de Paris, que se rencontre ce léger bipède enjuponné, appelé l'étudiante qui croît et n'embellit que sur les bords plus ou moins fleuris de la Seine, dans le voisinage du Prado, du Montparnasse et de la grande Chaumière; ce bipède enfin, à l'allure vive, légère, qui prouve même que quand l'oiseau marche, on devine qu'il a des aîles.

C'est dans ce quartier excentrique que nous conduisons d'abord notre lecteur, pour l'introduire dans un de ces vastes caravansérails intitulés hôtel garni ou maison meublée, situé rue du Jardinet derrière l'École de Médecine.

Il est huit heures du soir, M. Ferdinand Darbel, étudiant de quatrième année, âgé de vingt-quatre ans, et que toutes les dames se plaisent à citer comme un fort joli garçon, donne ce soir-là un raoût dans sa chambre meublée, située au cinquième étage. Tout est disposé pour cette fête brillante offerte à des amis et à des amies. Des chandelles ont été espacées sur la montée de distance en distance, afin d'éviter aux invités, le désagrément de se casser le cou, et dans le salon fument et se prélassent quatre quinquets empruntés à l'estaminet du coin.

Au moment où nous pénétrons dans ce sanctuaire de la gaieté, la soirée commence, les invités ne se font pas attendre.

Chacun s'est empressé d'accourir avec sa chacune, autour d'une table carrée, autrement dire, de la porte de la chambre qui a été arrachée de ses gonds et couchée sur deux traiteaux, se placent huit étudiants et autant d'étudiantes. Un souper confortable, qui se compose d'un énorme dindon rôti, d'un rognon de veau rôti, d'un énorme gigot rôti, d'une salade monstrueuse, d'une livre de fromage de gruyère, flanquée de deux assiettes de quatre mendiants, sont aussitôt engloutis avec un appétit dévorant. Cette opération gastronomique terminée, ces messieurs et ces dames allumèrent leurs pipes, tandis qu'on versait le café bouillant et que l'amphytrion débouchait les bouteilles de cognac, de rhum et de kirch, au bruit d'un chant étourdissant, mais rempli de verve et d'entrain.

— Silence, affreux brailleurs, silence, et d'une oreille attentive écoutez-moi vous exprimer en termes logiques, le but dans lequel je vous ai réunis ce soir autour d'un banquet fastueux, fit Darbel grimpé sur un tabouret.

— Oui! silence, écoutons amis et amies ce que va nous narrer de sa voix tonnante notre digne amphytrion, dit un des convives.

— Serait-ce nos têtes qu'il va demander pour en faire hommage à la patrie, par hasard! observa une étudiante.

— Zétulma, ma mignonne, vous êtes

une oie; or, ne confondez pas ce banquet auquel nous assistons avec celui des Girondins, répondit un étudiant.

— Darbel, tu as la parole, mais que ton discours soit bref.

— Je commence, reprit Darbel. Mes chers amis, et vous compagnes chéries, dont les grâces et les douces caresses nous aident à descendre avec le moins d'amertume possible, ce qu'on appelle vulgairement le fleuve de la vie, écoutez, écoutez ! Voilà la quatrième année expirée depuis le jour où, jeune, candide et le teint orné des couleurs virginales, je fis mon entrée dans la bonne ville de Paris, en l'intention de m'y livrer sans relâche à l'étude du droit français et romain; mais, hélas!

comme tout est déception en la vie, qu'est-il arrivé ? que trouvant Cujas et Barthole insipides, et le Code assommant, j'ai pris l'étude en aversion, les femmes et les joies du monde en adoration, si bien, enfin, qu'en l'espace de quatres susdites années, au lieu de sciences et de droit, je n'ai acquis que l'art d'aimer, de plaire et de culoter les pipes. Amis et amies, il est temps de mettre fin à cette existence toute de joie et d'allégresse, que je renonce au crédit, à ses pompes et à ses œuvres. Mais, allez-vous me demander, à quoi bon cette résolution extrême et rococotte ? Ce cher Darbel aurait-il l'intention de se faire empailler et en contractant quelque mariage pompeux de s'incorporer dans la catégorie sociale des bons bourgeois ? Eh bien, non, mes amis et amies, telle n'est pas l'intention de votre cher Darbel. C'est une raison majeure, impérieuse, infranchissable, qui le pousse à prendre ce parti extrême, à se convertir, à ne plus vivre que d'abstinence et de privation. Mais, la raison ! la raison ! demanderez-vous encore ; amis et amies, sachez donc que jusqu'alors je n'avais point porté la lumière du calcul dans les ténèbres de ma pensée, et qu'ayant commis cette imprudence, je me suis aperçu que moi, orphelin sur la terre, sans famille, sans guide, je m'étais ruiné de fond en comble, en dévorant en quatre ans le patrimoine que les créateurs de mes jours m'ont laissé en mourant.

— Concluons ! s'écria un étudiant. Tu

n'as plus le sou, et vu cet incident tu te retires dans un fromage.

— En compagnie de douze cents livres de rente viagère que m'a assuré un sensible parrain que le ciel vient de rappeler à lui, répondit Darbel d'un accent désolé et piteux.

— Ce n'est pas le diable, mais c'est quelque chose, si j'avais ça d'assuré, je me retirerai dans une chaumière, pas la grande, où je me consacrerai à l'éducation des lapins, afin de m'en faire trois mille cinq cents livres de rente, dit une étudiante, tout en suivant des yeux les capricieux méandre d'une bouffée de fumée qu'elle venait de chasser de ses lèvres.

— Tu as raison, la palotte, et ton idée

me plaît assez... Oui, j'ai l'envie de me consacrer à la propagation de cet intéressant quadrupède, répondit Darbel à l'étudiante à laquelle il donnait ce surnom, à cause de la couleur blafarde répandue sur son visage.

— Bêtise à part, que comptes-tu faire cher ami, en la circonstance raffalée dans laquelle tu te trouves enfoncé? demanda un des jeunes gens à Darbel.

— Abandonner l'étude du droit pour me lancer dans l'industrie ou l'agriculture, répondit ce dernier.

— L'idée n'est pas mauvaise, fit un jeune homme.

— Ce n'est certes pas celle-là qui occupe le cerveau de ton ami Brémond, surnommé l'Etudiant-Modèle, le piocheur, lequel, dit-il, a la vie champêtre et rustique en horreur, observa un étudiant.

— Cela se conçoit, Brémond est fils d'un cultivateur de l'Orléanais, il a passé sa jeunesse aux champs, dans une ferme, lui ambitieux, qui aime le bruit, les honneurs, la vie large et surtout luxueuse; aussi a-t-il refusé à défunt son brave père de lui succéder dans ses fermages, en lui signifiant qu'il voulait être avocat, sous le prétexte que cette carrière conduit à tout, et comme telle était aussi la marotte de madame Brémond, excellente femme, pas mal orgueilleuse et entêtée; il a fallu que le papa céda et envoya monsieur son fils faire son droit à Paris, tandis que lui restait aux champs à conduire la charrue, répondit Darbel.

— Corbleu ! ces bons parents n'ont agis qu'à l'exemple de la plupart des fermiers aisés, qui tous ont la rage de vouloir mettre leurs fils dans le barreau, d'en faire des notaires, des avoués ou même des huissiers; tant ils sont persuadés qu'il y a beaucoup et vivement à gagner dans ces sortes de professions.

— Ils n'ont certes pas tort, fit un des convives.

— Ah ! tu trouves Ernest? reprit Darbel. Eh bien, moi, je pense le contraire, car la cupidité en cette circonstance guide seule ces pauvres campagnards, qui nous décochent chaque année messieurs leurs moutards, lesquels, aussi nombreux que les sauterelles d'Egypte, envahissant les bancs des écoles et les études de la chicanne, pour devenir la plupart de fort piteux légistes, visant plus à l'argent qu'à la réputation, que résulte-t-il de cette triste et ambitieuse monomanie, de cette émigration, que la charrue languit, que les bons laboureurs sont rares, et que le barreau fourmille d'avocats sans cause.

— Ainsi, tu blâmes ce pauvre Brémond, d'avoir préféré l'avocasserie à la culture, demanda Ernest.

— Lui, moins que tout autre, parce que ce garçon là possède toutes les qualités et les vices nécessaires à l'ambitieux qui, parti de bas, veut s'élever haut et rapidement.

— Dites donc, cher, pourquoi donc ne l'avez-vous pas invité à votre raoût, ce petit Brémond; j'aurais pincé sa connaissance, moi qui adore les jeunes hommes qui veulent être quelque chose, et suis en disponibilité pour le quart d'heure, demanda une grosse étudiante assez jolie femme, tout en bourrant sa pipe.

— Ainsi qu'à vous, je lui ai envoyé une invitation en règle, mais le piocheur a donné la préférence au travail sur le plaisir, répondit Darbel.

— En voilà un drôle de pistolet, qui,

préfère la pioche à l'honneur de notre société. Mais s'il travaille toujours ainsi, que devient donc madame son épouse? demanda la grosse étudiante intitulée Amanda Papillard, dont le père, vénérable portier de la rue des Poitevins, à l'art de tirer le cordon et de nettoyer la gargouille, joignait celui de restaurer la chaussure humaine.

— Brémond n'a point de compagne pour le quart d'heure; quant à celle qu'il doit honorer un jour du titre de sa légale, elle est toute créée, élevée depuis dix-sept ans à la brochette par un père aux écus, dont elle est adorée et calinée, répliqua Darbel.

— Décidément, il n'y a rien à espérer de

ce garçon-là, n'en parlons plus et dansons, fit Armanda en quittant la table, ce que chacun fit à son exemple. Le couvert vivement enlevé et la table remise dans ses gonds, deux étudiants, l'un orné d'une clarinette, l'autre d'un cornet à piston donnent le signal de la danse, et chacun se met en place avec sa chacune. Alors commença une danse vive, folle, délirante, emportée, pleine de verve et d'entrain, avec ses figures décolletées, avec ses poses un peu risquées, dans lesquelles se révèle le talent de l'improvisateur.

Ce fameux raoût ne se termina qu'à cinq heures du matin, lorsque nos jeunes gens harassés de fatigue ne se sentaient plus la force de remuer ni bras ni jambes, alors chacun se retira avec madame son épouse, pour aller se livrer au repos, et Darbel, resté seul, s'empressa de se jeter sur son lit, où il tarda peu à s'endormir.

La huitième heure du matin sonnait, comme Darbel, qui dormait depuis deux heures à peine, fut éveillé en sursaut par les coups redoublés qui tombaient sur sa porte, et qu'en se frottant les yeux, il fut, tout en trébuchant, ouvrir au visiteur matinal et importun.

— Comment c'est déjà toi Brémond! qui vient troubler mon sommeil et faire évaporer les rêves d'or et d'azur, dont Morphée se plaisait à me bercer? On voit bien, cher Caton, qu'ainsi que moi, tu n'as pas ouvert cette nuit tes somptueux salons, et reçu nombreuse et brillante société, disait Darbel en allant se recoucher, tandis que Brémond regardait d'un œil de pitié le désordre qui régnait dans la chambre, où garde-robe, meubles, vaisselle, étaient tout sans dessus dessous.

— Non, comme tu dis, triple fou que tu es, je n'ai hébergé, ni fait danser personne; j'ai travaillé à ma thèse une partie de la nuit, et me suis reposé l'autre. Pas si bête que de dépenser mon argent et d'user ma santé au profit d'une foule de fous et de catins, loups affamés et dévorants qui, une fois la fête terminée, ne vous en savent pas plus de gré et ne vous prêteraient pas un sou, pas un écu, pour vivre le lendemain du jour où vous les avez rassasié de mangeaille et de plaisir, répondit Brémond, jeune homme de vingt-cinq ans, d'un physique agréable et sévère tout à la fois.

— En vérité, Brémond, je m'étonne d'entendre sortir de la bouche d'un homme aussi généreux que toi, ces reproches indirects qui sentent l'égoïsme d'une lieue de loin. Comment, près de quitter l'école, Paris peut-être, tu me blâmes de donner une fête d'adieu à mes camarades d'étude et de plaisir? reprit Darbel accoudé sur son oreiller.

— Oui, je te désapprouve, toi jeune homme sans fortune, ne possédant que le strict nécessaire, d'abord, d'avoir négligé l'étude pour te livrer au plaisir, ensuite, d'avoir prodigué en bombances, en l'espace de cinq années, une somme qui aurait suffi pour acquérir en province une étude, soit d'huissier, soit de greffier de justice de paix; modeste position il est vrai, mais qu'avec du travail, de l'économie, un bon mariage, la possession d'une dot, laquelle, un peu plus tard, réunie à l'argent que t'aurait procuré la vente de la charge, t'aurait mis à même de te rapprocher de Paris, et d'acheter en banlieue quelqu'étude d'avoué ou de notaire.

— Je comprends, puis de revendre de nouveau après quelques années d'exercice, pour ensuite escalader le mur d'enceinte, et me faire officier ministériel dans la bonne ville de Paris. J'en conviens, ç'eut été beau, adroit, de me créer ainsi, petit à petit, une honorable position, mais, que veux-tu, je ne suis pas doué ainsi que toi de cet esprit d'ordre et de calcul, qui voit et prévoit les choses de loin, de cette patience studieuse, active, qui un jour à venir, fera de toi un homme riche et heureux, répondit Darbel.

— La richesse ami, ne suffira pas à mon ambition, et si je la souhaite, ce n'est qu'en qualité d'auxiliaire, pour m'aider à monter aux honneurs, à rendre mon nom célèbre, soit comme homme de robe où homme politique.

— Ah! tu n'as pas plus d'ambition que cela, cher ami? observa en riant Darbel.

— J'ai celle que tout homme obscur doit avoir pour parvenir honnêtement, celle qui devait animer notre Napoléon, lorsque n'étant qu'un simple lieutenant d'artillerie, quelque chose lui disait au fond du cœur : tu es né pour la gloire, suis les inspirations de ton noble génie, et marche sans t'arrêter.

— Et toi, cher Brémond, où comptes-tu t'arrêter ! s'informa Darbel.

— Quand j'aurai atteint le dernier degré de l'échelle, fit Brémond.

— Diable, c'est alors qu'il faudra prendre garde de chavirer, car la chute serait lourde.

— Je ferai en sorte de ne pas perdre

l'équilibre, et mes amis d'alors me soutiendront.

— Compris! des amis puissants.

— Je n'en veux pas d'autres, répliqua Brémond. Maintenant, ajouta ce dernier, je suis venu à toi, mon bon Darbel, non pour te faire de la morale, mais pour te prévenir que je passe mon dernier examen dans trois jours, et qu'aussitôt mon diplôme d'avocat dans ma poche, je pars pour Lebreuil, notre cher village, afin d'embrasser ma bonne mère et lui faire part de mes succès, consens-tu à m'accompagner ?

— Très volontiers, quand partirons-nous ?

— Dans six jours.

— Je serai prêt, fit Darbel, d'autant mieux que mon intention est de me fixer dans l'Orléanais en qualité de cultivateur, état pour lequel je me sens une vocation très décidée.

— Quoi, toi homme du monde et d'esprit, toi qui peux occuper à Paris un emploi honorable dans quelque administration, tu penserais à t'exiler aux champs, à devenir un rustique fermier ? observa Brémond en riant.

— Pourquoi pas ? est-il donc nécessaire d'être un imbécile pour cultiver la terre et annoblir l'art de l'agriculture ? ton père était un homme d'esprit et de sens, et cependant il fut fermier tant qu'il vécut. Ensuite, cher ami, si tous les campagnards veulent devenir jurisconsultes, qui donc alors, sèmera le blé pour nourrir les humains ?

— Les manants sans ambition ni usage, enfin une caste créée tout exprès pour les travaux qui n'exigent que de la force et de l'instinct.

— Fort bien, voilà le garçon de ferme tout trouvé, le bras qui exécute ; mais la tête qui commande, invente, perfectionne, doit posséder l'intelligence, le calcul, le savoir enfin, or cette tête sera la mienne, tandis qu'à Paris, et en qualité d'avocat, tu seras le défenseur de la veuve et de l'orphelin, moyennant qu'ils auront de l'argent pour te payer, sans cela néant, à l'instar de tes confrères, moi, je ferai fructifier le sol pour te nourrir. C'est dit, n'en parlons plus, et jeudi prochain, mettons-nous en route, termina gaiement Darbel.

II

Lebreuil est un charmant village situé à deux kilomètres d'Orléans, et sur le versant d'une colline, dont le pied vient se baigner dans la Loire. Sur un des confins de ce village et dans la salle basse d'une riche ferme, plusieurs personnes se trouvaient groupées sur le soir, et causaient entre elles.

— Ainsi, à vous en croire, père Renard, j'avais tort de laisser mon fils continuer ses études à Paris, et pourtant, vous voyez par cette lettre qu'il m'écrit que le cher enfant a terminé son droit, et qu'il est reçu avocat! Avocat! quel beau, quel superbe titre, faut-il que mon cher enfant ait d'esprit pour en être arrivé là! comme tout le pays va être fier de lui! Ah! c'est pour le coup que les affaires de la commune et de ses habitants vont marcher grand train, lorsque mon fils l'avocat, mon Ferdinand voudra bien s'en charger! Ainsi disait une petite femme d'une cinquantaine d'années, à la physionomie douce et spirituelle, à un homme assis en face d'elle, et duquel la bonne grosse face réjouie, dénotait l'intelligence et la probité.

— Eh bien, mordienne, non, je ne démorderons pas de not dire, commère Brémond. Il est sûr et certain que vot fils est un gaillard qu'a beaucoup d'esprit, mais s'il eut été not' frère, j'aurions préféré qu'il fût comme feu son brave père, un bon fermier, que d'en faire un avocassier, un beau parleur, donnant raison à celui qui le paiera le plus, répliqua le fermier Renard.

— Voisin, vous ne savez ce que vous dites, et raisonnez comme un être obtus, incapable d'apprécier les choses, ni le talent; fermier, mon fils fermier! le bel état, ma foi!

— Cependant, dame Brémond, tant pas brillant ni fanfaron que soit le métier, votre homme et vous y aviez gagné de beaux et bons écus.

— D'accord, voisin Renard, mais à force de travail et d'économie, en nous tuant le corps et l'âme par la fatigue, si bien que mon pauvre mari en est mort à la fleur de l'âge; tandis que mon fils, grâce à l'éducation que je lui ai fait donner, à son talent, gagnera dix fois plus que nous sans se donner grand mal; ensuite, autre avantage dont m'a parlé souvent Ferdinand dans ses lettres, c'est que le métier d'avocat permet d'aspirer à tous les emplois, même les plus élevés. Dites donc voisin Renard, si votre fille Angélique, la promise de mon fils, allait être un jour la femme d'un député ou d'un consul, celle d'un ministre peut-être ! quel bonheur pour vous, hein ?

— Comme vous y allez, commère ! D'un petit avocat sans cause en faire déjà un grand seigneur, excusez, vous ne vous refusez rien, dit avec aigreur une grande femme maigre et osseuse, celle du maire, présente à la conversation.

— Oh, vous, madame Ragotin, vous êtes tellement jalouse et orgueilleuse, que vous ne jugez jamais les autres capables de bien faire ni d'arriver, fit madame Brémond. N'est-ce pas, Angélique, que tu as meilleure opinion que cela de ton futur! de mon garçon qui fera de toi une belle dame de la ville, et te mènera dans le le grand monde, en qualité de femme d'avocat? ajouta la fermière en s'adressant à une jeune et très jolie fille de dix-sept ans, qui se tenait assise auprès d'une fenêtre, et tout en brodant écoutait sans mot dire.

— Dame Renard, j'aime votre fils, mon promis, et lorsque je serai devenue sa femme, j'irai où il lui plaira de me conduire, mais à vous l'avouer franchement, le grand monde n'est pas ce qui convient à une campagnarde comme moi, et ainsi que mon père j'eusse préféré voir Ferdinand devenir un bon fermier plutôt qu'un avocat, répondit la jeune fille.

— Angélique, tu raisonnes comme un enfant qu'a seriné son père, répliqua d'un ton vif et fâché dame Brémond.

— Et moi, je soutiens que ma fille parle juste et bien ; qu'il eut été plus sage de la part de Ferdinand de succéder à son père, dans cette belle et bonne ferme, au lieu de se créer un autre métier.

— Fermier ! Ferdinand fermier, fi ! quel horreur ! Est-ce qu'on a jamais vu un laboureur devenir ministre ? fit dame Ragotin d'un air narquois.

— Bien! moquez-vous tant que vous voudrez, madame Ragotin, mais rien n'est impossible au génie, et moi qui vous parle, j'ai lu quelque part dans l'histoire, que le laboureur Cincinnatus a quitté la charrue pour monter sur le trône.

— Et moi, madame Brémond, que des rois ont épousé des bergères, dit en riant la femme du maire.

— Vous êtes une mauvaise plaisante, ma chère, fit la fermière avec aigreur.

— Et vous une folle, une ambitieuse, une rêveuse, ma chère madame Brémond, répliqua avec colère dame Ragotin.

— Allons, la paix mes commères, inutile de se fâcher, qu'il soit avocat ou fermier, Ferdinand n'en est pas moins un bon enfant, un travailleur avec lequel une femme sera heureuse, et ne manquera jamais de rien ; aussi tiendrai-je la parole que j'ai donnée à feu son père, celle d'unir nos deux enfants par un bon mariage et, comme Ferdinand revient au pays, à bientôt la noce, n'est-ce pas, commère Brémond?

— Certainement, et de tout mon cœur, répondit la fermière en frappant dans la main que lui tendait Renard.

— Dis donc, petiote, quand tu seras madame la ministre, tu protégeras mon homme, n'est-ce pas? fit d'un ton guoguenard madame Ragotin en s'adressant à Angélique.

— Crubleo ! dame Ragotin, que vous

êtes railleuse ; à quoi bon asticoter ainsi les gens et quel mal vous fait l'opinion d'une femme, d'une mère qui aime son fils, et lui bâtit des châteaux en Espagne? Laissons aller les choses et qui vivra verra. En attendant, commère Brémond, préparez la dot de votre garçon ; quant à celle de ma fille elle sera toute prête le jour du contrat.

— Quand la noce, s'informa la femme du maire d'un ton tout radouci.

— Impossible de rien fixer avant d'avoir vu Ferdinand, qui m'annonce son arrivé pour demain en compagnie de son ami Darbel?

— Un enfant d'Orléans, un farceur, un bon vivant, fit Renard avec bonhommie.

— Dites donc un mauvais sujet, un prodigue, qui a dissipé à Paris, en l'espace de cinq ans, le petit patrimoine que lui a laissé sa mère en mourant, et cela en orgie et avec des femmes perdues. En vérité, je ne puis comprendre comment madame Brémond permet à son fils de fréquenter un pareil garnement.

— Hardi! allez votre train, maman Robichon, cancanez sur Pierre et sur Paul, échinez ce pauvre prochain, ne vous gênez pas, fit Renard.

— Je dis ce qui est, monsienr Renard, répondit madame Robichon avec sécheresse.

— Pourquoi cette rage de médire

même de ceux que vous ne connaissez pas? Tenez, à vous parler franchement, vous êtes une méchante femme, et si l'on vous a surnommée la portière du pays, ce n'est pas sans raison.

— Renard, vous êtes un insolent; s'écria la dame rouge de colère et tout en se levant vivement de sa chaise.

— Et vous une bavarde, une langue de vipère, répliqua Renard.

— Vous m'insultez, je porterai plainte à mon mari.

— Lequel vous donnera tort, commère, car le cher homme vous connaît assez pour cela.

— Adieu, madame Brémond, au plaisir de ne plus vous revoir, vous qui permettez qu'on insulte vos bons amis en votre présence, et qui laissez faire sans mot dire. Là dessus, la grande et osseuse créature, sans plus attendre, quitta la chambre tout en murmurant la menace.

— La méchante créature, fit Renard.

— Père, tu as peut-être eu tort de t'emporter contre madame Robichond, c'est une ennemie que ta franchise vient de nous faire en la personne de cette femme, observa Angélique.

— Bah ! je n'ai rien à redouter de cette hargneuse femelle, dont je me moque comme de l'an qui retourne, répondit Renard en riant.

— Angélique, laissons cette femme courir passer sa mauvaise humeur sur son pauvre mari qu'elle mène à la baguette, et dis-moi si le retour de ton amoureux te rend bien contente; demanda la fermière.

— Certainement, madame Brémond, cette fois encore plus que les autres, parceque Ferdinand nous revient pour ne plus nous quitter, puisque son droit est terminé et que le voilà avocat.

— Et bientôt ton mari, petiote, ajouta la fermière.

— Avocat! avocat! se mit à murmurer Renard entre ses dents.

— Eh bien! oui, avocat! c'est un beau titre ça, Renard, convenez-en.

— Oui, ça annonce du talent, de l'esprit, et cependant je n'en démorderai pas, ma chère madame Brémond, oui, j'eus préféré un gendre cultivateur, qui nous eut succédé, à un homme de chicanne, à un beau parleur qui, aussitôt que nous aurons fermé les yeux, s'empressera de vendre nos belles fermes, nos terres, nos prés, etc., etc.

— Non, Renard, nos enfants ne vendront rien ; ils donneront à bail, voilà tout. D'abord, par respect pour notre mémoire, et ensuite parce qu'il leur serait difficile de trouver un placement plus productif.

— N'importe ! c'est un honorable et

utile métier que celui de cultivateur, fit Renard avec l'expression du regret.

— Pas si beau que celui d'avocat, répliqua la fermière.

— Ça n'était certes pas la pensée de feu votre homme, commère, et si le brave Brémond avait vécu plus longtemps, je doute fort qu'il eut fait un avocat de M. son fils.

— C'est possible, mais moi j'ai voulu qu'il en soit ainsi, répondit la fermière d'un petit ton sec.

— On sait ça, puisque trois mois après la mort du cher homme, vous vous êtes empressée d'envoyer votre garçon à Paris pour y étudier la chicane.

— Et je me félicite d'avoir pris un parti auquel je suis redevable aujourd'hui de l'avantage d'avoir un fils bien éduqué et qui me fera honneur; un fils enfin qui va gagner des monceaux d'or tout en faisant le monsieur, dit avec fierté la dame Brémond.

— Possible! qui vivra verra, répliqua Renard.

Le lendemain du jour où avait eu lieu cet entretien, un mouvement inaccoutumé régnait dans la maison de notre fermière qui sur pied avant le jour, pressait du geste et de la voix ses serviteurs et ses servantes. C'est qu'il ne s'agissait rien moins que de donner à la ferme un aspect de fête, et de recevoir dignement le fils de la maison, ainsi que son ami Darbel. Aussi, tout était-il en émoi chez dame Rémond, où, dès le matin, tout avait été ciré, lustré, récuré, où dans la cuisine se fricassaient, rôtissaient et confectionnaient force ragoûts, rôtis et patisseries de toutes espèces.

Comme la douzième heure du matin tintait à l'horloge de l'église du village, que tout était disposé pour la réception, et qu'il n'y avait plus qu'à attendre les bras croisés qu'il plût aux deux voyageurs d'arriver. Angélique, qui était venue aider la fermière dans les préparatifs, s'en fut avec cette dernière s'asseoir sur le banc de pierre de la porte de la ferme, porte située sur la grande route, et d'où le regard pouvait appercevoir venir de bien loin, bien loin.

Déjà plusieurs cavaliers et plusieurs voitures avaient passés devant la ferme et trompé l'espoir des deux guetteuses, lorsque le regard d'Angélique crut reconnaître au loin Cocotte, la jument grise de son père, accourant au grand trot et traînant derrière elle une carriole d'osier dans laquelle se trouvait trois personnes.

— Oh! cette fois ce sont eux, je reconnais Ferdinand, M. Darbel puis mon père, qui s'est empressé d'aller au-devant d'eux jusqu'à Orléans et nous les amène! qu'il est bon mon père, fit la jeune fille joyeuse en battant des mains.

— Tu as raison, petite, oui, ce sont eux, j'aperçois mon cher enfant. Il me sourit, me fait signe de la main, le bien-aimé! ah! petite, quel bon mari je vais te donner là et combien tu en seras fière à juste titre. Quelques minutes d'une impatiente attente, et la carriole étant entrée dans la cour de la ferme, dame Brémond pressa son fils sur son sein en le couvrant de caresses, tandis qu'Angélique, plantée toute droite près de la mère et du fils, attendait toute rouge d'émotion et d'inquiétude qu'il plût à Ferdinand de s'apercevoir de sa présence et de s'occuper d'elle.

— Ah! c'est toi Angélique, toi qui a désiré être présente à mon arrivée, merci,

merci de cet aimable intention, dit enfin Ferdinand, après s'être arrraché des bras de sa mère et tourné vers la jeune fille, dont il pressait amicalement la main.

— Comment, tu n'embrasses pas ta gentille future, à quoi penses-tu donc, cher fils? observa la fermière tout en poussant Ferdinand.

— C'est juste, mais je n'osais, répliqua le jeune homme, pour ensuite embrasser la jolie fille.

— Mademoiselle Angélique, d'honneur, je vous trouve encore plus jolie et plus ravissante que l'an dernier, dit à son tour Darbel.

— Que vous faut-il, monsieur, pour ce

gentil compliment, demanda en riant Angélique.

— Parbleu, la faveur de vous embrasser à mon tour.

— Volontiers, monsieur Darbel, répliqua Angélique en présentant sa joue fraîche et rosée, sur laquelle le jeune homme déposa un baiser respectueux.

— Allons! allons! assez de douceurs comme ça et courons nous mettre à table, car nos voyageurs ont faim et moi de même, fit Renard, revenu de l'écurie où lui-même avait été conduire sa jument et veillé à ce que le ratelier et la mangeoire fussent bien approvisionnés. Et comme nos gens se dirigeaient vers la maison, grand fut l'étonnement de Renard, de la fermière et d'Angélique, de voir venir à eux monsieur le maire et madame la mairesse.

— Tiens ! tiens ! dame Ragotin, que venez-vous donc faire ici ? Sans doute que vous amenez monsieur le maire, afin qu'il verbalise contre nous au sujet des petites méchancetés qu'il vous a plu de nous décocher hier, demanda la fermière.

— Dame Brémond, ce n'est pas l'officier municipal qui se présente chez vous aujourd'hui, mais bien un ami qui vous ramène une amie repentante, laquelle brûle du désir de vous faire ses excuses et de se réconcilier avec vous, répondit avec emphase le sieur Ragotin, petit homme pourvu d'un embonpoint excessif et d'une mine joviale et bouffie.

— C'est-y vrai, dame Ragotin, ce que dit votre mari, que vous avez regret d'avoir été peu convenante à notre égard ?

— Oui, ma chère dame, et je vous prie de vouloir bien excuser un mouvement de vivacité de ma part, d'avoir osé vous contredire un instant sur le brillant avenir réservé à votre cher et spirituel enfant, dans lequel, cependant, je me suis toujours plu à reconnaître avec justice les plus belles comme les plus nobles capacités, fit dame Ragotin d'un ton doucereux et hypocrite.

— A tout péché miséricorde, et puisque vous voilà tout transportés, mes voisins, venez vous mettre à table avec nous et y fêter le retour de mon cher enfant, dit la confiante fermière en passant son bras sous celui de la mairesse, pour l'entraîner dans la salle à manger, où déjà s'étaient attablés Renard, Angélique et les deux jeunes gens. Ces derniers se levèrent pour accueillir, dans le sieur Ragotin, le maire de la commune. Quant à Renard, plus rancunier que la fermière, ce fut en fronçant le sourcil qu'il reçut les nouveaux venus dans lesquels il devinait deux pique-assiettes alléchés par l'appât d'un bon dîner.

Un repas abondant, splendide dans le menu et la confection duquel s'était distinguée la dame Brémond, fut servi et bien fêté par les convives, tous gens de fort bon appétit et surtout grands buveurs, excepté Ferdinand qui, se posant en homme grave et affectant un sangfroid magistral, mouillait son vin en dépit des reproches que lui adressaient les convives en criant au sacrilége et à la profanation. Il y avait encore à cette table une personne que la froideur du jeune avocat semblait affecter fort et de laquelle elle étouffait la joie et coupait l'appétit : c'était la gentille Angélique qu'on avait assise à la gauche de Ferdinand, et de laquelle ce dernier semblait s'occuper fort peu, tandis que Darbel, placé à sa droite, la comblait de soins, de prévenances, tout en lui débitant les plus jolies choses du monde. On s'était mis à table à trois heures de l'après-midi, et il en était huit lorsqu'on la quitta et que les époux Ragotin, qui prédisaient un orage prochain, se hâtèrent de prendre congé de la société, pour s'en retourner chez eux, mais non sans que la mairesse, toujours fidèle à son système de turlupinade ne se fut approchée d'Angélique pour lui glisser ces mots bas à l'oreille :

— Chère ange, je trouve que ton prétendu a, tout le temps du dîner, été envers toi d'une froideur désespérante; prends garde, Angélique, je crains que ce garçon-là ne t'aime pas autant qu'on le pense et qu'il soit un mauvais mari. Angélique avait laissé ces paroles sans réponse, mais à l'expression de tristesse qui s'était subitement répandu sur le charmant visage de la jeune fille, la dame Ragotin avait tout de suite deviné que ses perfides observations avaient porté coup.

Le même soir, après que Renard et sa fille eurent regagnés leur ferme, et que Darbel, fatigué du voyage et la tête tant soit peu lourde, eut été se mettre au lit, dame Brémond, qui avait retenu son fils sous le prétexte qu'elle désirait causer un tantinet avec lui, après avoir été fermer la porte de la chambre où ils se trouvaient réunis tous deux, et engagé Ferdinand de s'asseoir à côté d'elle, entama la conversation en ces termes :

— Ça, maintenant, cher enfant, que nous

voilà seuls et libres de causer tout à notre aise, dis-moi si tu es content d'être de retour auprès de ta mère, qui t'aime, et que tu ne quitteras plus ; puis encore, si tu trouves ta chère petite Angélique embellie? En disant ainsi, la fermière pressait entre les siennes les mains de son bien-aimé fils.

— Ma mère, je suis toujours heureux lorsque je vous revois ; quant à Angélique, je l'ai retrouvée plus charmante et plus douce que jamais, répondit Ferdinand en souriant.

— Alors, tu vas donc être le plus heureux des hommes, puisque te voilà désormais fixé au pays, près de ta mère, et que, avant un mois, tu seras l'heureux époux d'Angélique Renard, à laquelle son père donne une soixantaine de mille francs en dot. Que dis-tu de cela, cher enfant! J'espère que te voilà content et heureux, fit la fermière, la tête haute et d'un air triomphant.

—Ma bonne et tendre mère, permettez-moi une question.

— Dis, dis tout ce que tu voudras, cher enfant!

— Quelle a été votre intention en me faisant donner une belle éducation, en faisant de moi un avocat?

— Dame! j'ai voulu faire de toi un monsieur, un homme éduqué, enfin ce que me conseillait mon amour de mère, ma petite vanité, et ce que me permettaient mes moyens, car tu n'ignores pas, mon Ferdinand, que notre avoir, y compris la valeur de cette ferme et de nos terres, ne s'élève pas moins qu'à trois cents bons mille francs, et qu'avec une pareille fortune il m'était bien permis de faire de mon fils un homme comme il faut.

— Alors, je suis riche?

— Tu l'es, mon Ferdinand.

— Je suis en plus un homme jeune et instruit, même pourvu d'un physique agréable.

— Certainement mon cher enfant, tu

possèdes tout cela, répondit la fermière fière et joyeuse.

— Alors, ma mère, convenez qu'avec autant d'avantages il y aurait sottise de ma part à m'enfouir dans une province, ainsi qu'à épouser une petite campagnarde ?

—Hein! que dis-tu, Ferdinand? fit dame Brémond avec surprise.

— Je dis, ma chère mère, que c'est à Paris que je veux courir utiliser mon talent ; Paris, vaste scène qui seule convient à mon ambition, où il me sera permis de populariser, d'illustrer mon nom, de parvenir aux honneurs, et de contracter, par la suite, un brillant mariage.

— Quoi! Ferdinand, tu veux quitter le pays, et refuse d'épouser Angélique, une bonne fille dont tu es aimé?

— Oui, ma mère, je veux habiter Paris, m'y distinguer et contracter une alliance avec quelque riche et puissante famille dont le crédit m'aidera à atteindre le but auquel j'aspire.

—Mais, enfant, il est, dit-on, très difficile de parvenir dans ce Paris encombré de gens d'esprit et de talent.

—Mère, à Paris, pour parvenir vite, il faut de l'argent, et j'en ai ; or, mon succès est infaillible, quand bien même je ne serai qu'un sot. A Paris, on confie ses affaires à ceux qui ne courent pas après, car l'avocat qui est riche, passe toujours pour avoir du talent. A Paris, un avocat devenu célèbre quand même, peut prétendre aux plus hauts emplois.

— Oui, à devenir député, conseiller d'État, ministre, peut-être! interrompit la fermière avec orgueil.

— Oui, ma mère, ministre! ce qui s'est vu de nos jours, ce qui peut m'arriver à moi. Et vous devez bien penser qu'avec un pareil avenir en perspective, je ne puis consentir à m'enterrer dans une campagne, à sacrifier mon éloquence, mon talent à défendre la cause d'une foule de paysans cupides et ignorants qui, après que je leur aurai fait gagner leur procès, se croiraient quittes envers moi, en me jetant quelques pièces de cinq francs en guise d'honoraires ? Fi donc! non, non! arrière ces misères, toute cette mesquinerie ; ce sont de riches clients, de grandes causes qu'il faut à mon génie ambitieux, de ces causes célèbres où la parole du défenseur peut tonner à son aise, faire preuve de talent, d'éloquence, et le place au premier rang de la magistrature.

— Ah ! cher enfant, tu seras la gloire de ta vieille mère ! s'écria la fermière enthousiasmée et les larmes aux yeux.

— Ma mère, il faut m'aider à réaliser ces beaux rêves.

— Parle, mon fils, que faut-il faire ?

— Vendre votre ferme, vos terres, et venir habiter Paris afin d'y être témoin des succès de votre fils.

— Vendre nos biens ! cela sera-t-il sage et prudent de notre part ? Cette ferme rapporte gros, mon enfant, objecta la fermière.

— Trois pour cent tout au plus, tandis qu'à Paris il est mille façons de placer avec sûreté au taux de six et sept, ce qui doublerait notre revenu.

— Eh bien, nous en causerons, mon Ferdinand. Ainsi, décidément, tu penses que la fille de Renard n'est point du tout ton fait !

— Pas le moins du monde. C'est une

demoiselle de grande famille, une riche héritière qui désormais doit devenir ma femme, celle enfin qui, par ses manières, son éducation, me fera honneur dans le monde où je la conduirai, tandis que cette Angélique, avec son air niais, ses allures villageoises, serait sans cesse pour moi un sujet de crainte et d'ennui.

— Mon Dieu! quoi dire à Renard pour lui faire comprendre que ce mariage arrêté entre lui et ton pauvre père, ne peut s'accomplir?

— Dites-lui que je ne veux pas me marier encore, enfin tout ce qui vous passera par la tête, pourvu qu'il ne soit plus question de cette ridicule union, répondit brusquement Ferdinand.

—Voilà qui va nous brouiller, c'est sûr, avec de vieux et bons amis, fit en soupirant la fermière.

— Ma chère mère, il ne faut jamais s'arrêter à ces petits détails, lorsqu'il s'agit de se faire un brillant avenir, mais bien de refouler au fond de son cœur toutes ces petites niaiseries appelées communément amitié, sentiment, égard et convenance. L'homme adroit et ambitieux doit passer, sans en tenir nul compte, par-dessus tout cela, s'il veut arriver vite au but qu'il se propose d'atteindre.

— Mais dis donc, Ferdinand, il me semble que cet homme qui oublie et sacrifie ainsi ses amis et ses affections, n'est qu'un mauvais cœur.

— Non, mère, mais tout simplement un homme adroit et spirituel, qui, étant fort pressé d'arriver et connaissant le prix du temps, ne s'avise pas de le perdre en s'arrêtant aux bagatelles de la vie, répondit le jeune homme en souriant. Comme l'horloge venait de sonner minuit, nos deux causeurs, remettant la suite de leur entretien au lendemain, se séparèrent pour aller se livrer au repos.

III

— Je te le répète, Ferdinand, oui, il est mal à toi de renoncer ainsi à la jeune fille qui t'a donné son cœur, et qui depuis son enfance s'est habituée à te regarder comme son futur mari, disait Darbel à Ferdinand, le lendemain de leur arrivée à la ferme, et tout en se promenant avec lui dans le jardin. Voyons, que reproches-tu à cette charmante fille ? Pourquoi la trouves-tu indigne de devenir ta femme ; elle, si belle, si douce, et dont tu es aimé ?

— Pourquoi ? C'est que cette jeune fille, aux allures provinciales, bien qu'elle paraisse ici la reine de son sexe, serait fort déplacée dans les salons de Paris, parce que j'ambitionne une alliance plus conforme à mes projets à venir.

— Ah ! oui, je comprends, une alliance dans le grand monde, avec la fille d'une haute, puissante et riche famille... Pauvre Ferdinand, prends garde de te fourvoyer, mon ami, méfie-toi de cette ambition qui te domine aujourd'hui et peut-être bien ne te réserve que de pénibles déceptions.

— Darbel, trève de morale, une fois dite pour toutes, si tu tiens à mon amitié. Je me suis tracé une ligne de conduite, de laquelle ni conseils, ni égards ne pourront me détourner, et pour la suivre, je suis décidé à briser tous les obstacles qui se rencontreront sur mon chemin. Encore une fois, non, quoi que tu en dises, je ne m'enterrai pas dans ces tristes campagnes où s'étoufferait mon intelligence ; non, je n'épouserai pas Angélique, parce qu'un pareil mariage paralyserait ma liberté et mes projets. Maintenant que je t'ai ouvert mon cœur, fait connaître ma détermination, trêve à toutes contrariétés ; laisse s'accomplir ma destinée et parlons d'autre chose, fit Ferdinand avec sécheresse et fermeté.

— Nini, c'est fini, va ton train, cher, surtout prends garde de trébucher en chemin, tel est le vœu sincère que forme mon amitié en ta faveur... A propos, j'ai aussi une petite confidence à te faire, moi.

— Parle, je t'écoute, fit Ferdinand.

— Mon cher, je suis amoureux d'Angélique!

— Toi, amoureux, quelle plaisanterie! un mauvais sujet, un coureur d'amourettes, pervers et hypocrite envers les femmes, dit Ferdinand en souriant.

— Merci de cet adorable mélange d'adjectifs que me prodigue ton amitié, mais ici il s'agit, non d'une passion qu'allume le désir et que le lendemain éteint la satiété, mais bien d'un amour sérieux, durable, doublé en chêne, passion jusqu'alors sans espoir, et que, en faveur de l'amitié qui nous lie, je m'efforcerais d'étouffer, mais que ton refus de la main d'Angélique, vient de raviver.

— Alors, épouse-là à ma place, et sois heureux, reprit Ferdinand.

— Ainsi, tu m'autorises sans arrière pensée ni regret?

— Sans rien de tout cela, et même tu

m'obligeras en faisant le plus tôt possible ta demande en mariage.

— Fichtre! comme tu y vas. Il faut au moins attendre que la chère petite apprenne ton apostat et cesse de t'aimer, sans cela je courrais grand risque d'essuyer un refus pénible de sa part.

— Eh bien, cela ne sera pas long, car ma mère doit aller aujourd'hui même faire une visite à Renard et lui rendre sa parole.

— Diable! voilà qui est expéditif, fit Darbel.

— A propos, je me mets demain en route pour Paris, et j'avais compté sur ta société.

— Tu as eu tort, cher ami, car j'ai dit adieu pour longtemps à cette ville, à ses pompes et à ses œuvres, pour rester aux champs où, suivant ma vocation, je me fais cultivateur.

— C'est donc de ta part une détermination sérieuse ?

— Très sérieuse, et la preuve est que dès demain je m'engage en qualité d'apprenti fermier chez le père Renard.

— Où, tout en labourant, tu feras les yeux doux à la fille du fermier. C'est assez adroit.

— Et auquel je ferai la demande de la main de sa fille, après l'avoir convaincu par mes œuvres, de ma vocation pour l'agriculture, de laquelle vocation il ose douter jusqu'alors et faire gorge chaude. Mais patience !

— Alors, je te souhaite une heureuse réussite dans tes amours ainsi que dans tes récoltes, seulement ce n'est pas sans regret que je te vois abandonner la noble carrière du barreau pour embrasser un métier pénible et si peu d'accord avec ton éducation et tes manières.

Mon cher Ferdinand, je ne comprends pas la nécessité d'être un ignorant pour exercer le métier le plus noble et le plus utile qu'il existe sur terre, une profession enfin, qui ne peut que s'améliorer, quand l'intelligence lui vient en aide, répondait Darbel, lorsqu'au loin, lui et Brémond, aperçurent Angélique qui venait à eux, vive et légère comme un oiseau. Brémond à la vue de la jolie fille, éprouva un peu d'embarras, quant à Darbel, ce fut le sourire sur les lèvres qu'il l'accueillit et en lui présentant une main amicale.

— Bon matin, je vous souhaite, messieurs, quoi que j'aie grand sujet d'en vouloir à l'un de vous, dit Angélique en plaçant sa main dans celle que lui était tendue.

— Et quel est le coupable des deux, mademoiselle, demanda Darbel.

— Vous, Ferdinand, qui me contraignez de venir à vous quand c'est vous qui devriez venir à moi le premier, vous que j'ai vainement attendu ce matin à la ferme de mon père.

— Pardonne-moi, Angélique, mais ma mère qui avait à m'entretenir de choses sérieuses, concernant les intérêts de notre maison, m'a retenu la matinée toute entière.

— Dois-je le croire et lui pardonner, monsieur Darbel ? demanda la jolie fille avec un charmant sourire.

— Pourquoi pas, l'indulgence est le privilège des dames, puis, il est si doux de pardonner.

— Voilà de bien jolies paroles dites en faveur de l'amitié et devant lesquelles s'incline mon courroux. Allons, j'oublie mes griefs, Ferdinand, embrassez-moi... Et vous aussi, monsieur Darbel. Brémond s'exécuta froidement, Darbel avec feu et empressement.

— Ferdinand, c'est demain que nous fêtons chez mon père votre bien venue, tous nos amis se réuniront à une heure, n'ayez garde de l'oublier, ni vous non plus monsieur Darbel.

— Angélique, je n'aurai pas le plaisir d'être des vôtres, répondit Brémond.

— Par exemple! voilà qui serait gentil, vous le héros de la fête, mon fiancé, et presque l'enfant de la maison, si vous n'assistez pas à la réunion. Ça, quel caprice, monsieur, vous retiendrait éloigné de vos amis?

— Mon départ pour Paris, chère Angélique, répliqua sèchement Ferdinand.

— Votre départ! quelle plaisanterie, comme si vous n'étiez pas pour toujours revenu au milieu de nous, reprit en riant Angélique, qui jusqu'alors prenait la chose pour un badinage.

— Angélique, je ne plaisante pas; une affaire sérieuse me rappelle à Paris et me force dès demain de me séparer de vous.

— Hélas! encore. Pour peu de temps,

sans doute? demanda tristement la jeune fille.

— Je l'espère, fit hypocritement Brémond.

— Ferdinand, voilà un départ qui va singulièrement surprendre mon père, lui qui parlait ce matin de presser notre mariage, et cela en l'espoir de faire deux heureux.

— Angélique, il ne faut pas m'en vouloir, ma chère amie. Croyez qu'en m'éloignant de nouveau je ne fais que de céder à une impérieuse nécessité.

— Bien impérieuse, en effet, j'aime à le croire, pour l'emporter sur toute autre considération, fit la jeune fille d'un ton piqué.

— Laissez-le s'éloigner, mademoiselle, et pour le punir, permettez-moi en son absence de vous faire ma cour, dit gaiement Darbel; paroles qu'Angélique, devenue rêveuse, laissa sans réponse.

— Tu vois Ferdinand, tes torts rejaillissent jusque sur moi, car voilà mademoiselle qui me boude et ne daigne même plus me répondre.

— Monsieur Darbel, vous serez toujours le bien venu chez mon père et près de moi, dit enfin Angélique pour ensuite adresser une révérence aux deux jeunes gens et s'éloigner après pour retourner à la ferme de son père, où elle rentra triste, pensive et les larmes aux yeux. Renard en voyant sa fille dans cette situation, s'empressa de lui en demander la cause tout en l'entourant de ses bras.

— J'ai, mon cher père, que je viens de découvrir une chose.

— Bah ! qu'est-ce donc ? fit vivement le fermier.

— Que Ferdinand ne m'aime plus ou qu'il ne m'a jamais aimé.

— Tout cela est assez probable.

— Comment supposez-vous cela, cher père ! reprit vivement la jolie fille qui consentait bien à accuser Ferdinand d'indifférence à son égard, mais se sentait piquée de ce qu'un autre s'en fût aperçu, et la confirma dans un malheur qui blessait son petit amour-propre.

— Parceque, un garçon qui aime une fillette est ordinairement empressé, galant auprès d'elle, que, si forcément, il habite loin d'elle, il essait d'adoucir ce que l'absence a de cruelle, par de gentilles lettres qu'il adresse à sa bien-aimée et dans lesquelles il a soin de provoquer une réponse. Maintenant, dis-moi si jamais Ferdinand a rempli une seule de ces conditions ? A peine, si durant les années entières qu'il a passées à Paris, ce garçon a daigné te donner une preuve de souvenir par un mot de sa main, ni d'ajouter une phrase en ta faveur aux lettres qu'il écrivait à sa mère. Pas plus tard qu'hier, quelle joie a-t-il manifesté en te revoyant? pas la moindre, à peine a-t-il daigné t'embrasser; et à table, donc! t'a-t-il adressé une parole amicale? Rien, rien d'empressé, ni d'aimable de sa part qui trahisse un amoureux, et si quelqu'un en faisait les frais, c'était ce bon et jovial Darbel qui n'a cessé d'être aux petit soins pour toi.

— Hélas! ce que vous dites-là, cher père, n'est que trop vrai, soupira Angélique avec tristesse.

— Tiens, fillette, veux-tu que je te dise? Eh bien! ton Ferdinand est un ambitieux, un rêveur, un orgueilleux, et ces hommes-là, vois-tu, ne font jamais de bons maris,

D'ailleurs, ce n'est pas sans un profond déplaisir que je vois Ferdinand abandonner, mépriser le métier de son père pour devenir un monsieur, un avocat bavard, gens généralement cupides, ne se chargeant de la défense que des gens qui paient le plus cher leurs paroles dorées, et n'estiment la femme qu'ils acceptent pour compagne, qu'au proratat de la dot qu'elle leur a apportée. Par exemple, parle-moi d'un gars comme ce Darbel; c'est bon, c'est franc, ça a le cœur sur la main, et ça aime la culture, ça veut devenir laboureur par vocation, par nature, et ça fera des affaires, ça s'enrichira, ça aimera sa ménagère et ses enfants. Décidément, voilà le mari qu'il te faudrait et le gendre qui me conviendrait.

— Mais, cher père, dans ce panégyrique pompeux que vous faites du caractère et des qualités de M. Darbel, vous omettez de dire qu'il est un prodigue, un coureur de femmes, et qu'à Paris au lieu d'étudier son droit, il a mené une existence dissipée, des plus mondaines, enfin, qu'on le cite en tout lieu comme un franc mauvais sujet; venez donc à présent me dire qu'un pareil garçon peut faire un bon mari.

— Certainement! un bon et très bon mari, je le soutiens, mordieux! vois-tu, fillette, chez un homme, il faut que jeunesse se passe, c'est ce qui s'appelle faire la vie de garçon, jeter sa gourme, et lorsqu'on a bien usé de cette façon de vivre, de ces sortes d'amourettes qui n'ont jamais de racine dans le cœur, alors, on éprouve le besoin de se reposer, celui de se choisir une compagne à laquelle on apporte avec son cœur et sa personne, toute cette tendresse, cette estime qu'on a refusée aux autres femmes parce quelles en étaient indignes.

— Je vous écoute, cher père, et me demande où vous voulez en venir ; serait-ce par hasard en l'intention de substituer dans mon cœur, un amoureux à un autre? observa Angélique en souriant.

— Dame, ça se pourrait peut-être, répliqua le fermier.

— Eh bien, cher père, n'espérez pas cette métamorphose; j'aime Ferdinand, je souffre de son indifférence, et cependant je veux lui demeurer fidèle. Lui aussi, m'aime peut-être, et ce n'est pas la faute du pauvre garçon s'il est moins démonstratif qu'un autre, chez qui de beaux semblants d'amour tiennent souvent lieu de véritable tendresse.

— Bien, très bien ! aimes-le tout à ton aise le cher garçon ; réalise ce proverbe que j'ai souvent entendu citer et qui dit : que plus un amoureux paraît indifférent, plus il est recherché des femmes... Ah ça, mais il n'a donc plus de jambes ce bel amoureux, qu'il ne daigne seulement pas venir nous visiter ce matin ?

— Il va venir, cher père.

— Ça ne sera pas dommage! Mais, assez causé comme ça, fillette, car tu as fort à t'occuper pour le dîner que nous donnons à dame Brémond, à ton futur ainsi qu'à nos amis.

— Père, ce dîner, il ne peut avoir lieu demain, répondit Angélique avec tristesse.

— Pourquoi donc?

— Ferdinand ne pourrait y assister, parce qu'il retourne dès ce soir à Paris, où des affaires importantes réclament sa présence.

— Ah, ah! eh bien, bon voyage je lui souhaite, disait Renard avec humeur;

comme Darbel vêtu d'une blouse et d'un pantalon de toile, les pieds emprisonnés dans de gros souliers, faisait son entrée dans la pièce où se tenaient le père et la fille.

— Maître, voilà votre serviteur qui vient vous prier de le mettre à l'œuvre, fit le jeune homme d'un air joyeux.

— Voyons tes mains, garçon... Diable, peau fine et délicate, gare aux ampoules, dit Renard en riant et tout en examinant les mains que lui présentait Darbel.

— Bah! après les petites bouteilles viendra la corne, répondit Darbel.

— Alors, allons aux champs, et en avant

la besogne, monsieur mon garçon de ferme. Et le fermier, ainsi que l'apprenti agriculteur, quittèrent la ferme bras-dessus bras-dessous, après avoir, l'un embrassé sa fille, et l'autre adressé un gentil compliment à cette dernière.

La journée s'était passé sans que dame Brémond ni son fils ne se soient présentés chez Renard, au grand mécontentement d'Angélique, qui était demeurée au logis pour les attendre. La sixième heure du soir sonnait à l'église du village, lorsque Renard et Darbel, de retour à la ferme, trouvèrent Angélique occupée à coudre près d'une croisée ; Angélique, dans les yeux de laquelle Darbel remarqua l'empreinte d'une douloureuse tristesse et dont il s'approcha doucement pour lui presser la main.

— Est-il venu quelqu'un, fillette?

— Non, mon père, répondit timidement la jeune fille.

— De mieux en mieux! murmura Renard d'un ton mécontent: allons, fais-nous dîner, car nous mourons de faim... Eh bien, garçon, comment trouves-tu le métier? demanda-t-il à Darbel.

— Fort de mon goût, quoique passablement fatiguant pour le début, répondit Darbel en regardant ses mains qu'ornaient plusieurs ampoules saignantes.

— O ciel! qu'avez-vous fait pour vous

mettre les mains dans un pareil état? s'écria Angélique effrayée.

— J'ai conduit la charrue, ma belle demoiselle, ouvrage dont s'honorent les souverains de la Chine, afin de donner l'exemple à leurs sujets.

— Comment, père, vous avez poussé la cruauté jusqu'à martyriser à ce point ce pauvre jeune homme, comme si nous n'avions pas assez de garçons de charrue à notre service?

— Ma chère enfant, quand on veut exercer une profession, il faut en faire d'abord l'apprentissage, répondit en riant Renard.

— Et savoir comment se fait l'ouvrage

avant de le commander aux autres, ajouta Darbel, tout en soufflant dans ses mains, que tourmentait une douloureuse cuisson.

Après un excellent repas pris avec appétit et arrosé par de copieuses rasades d'un vin généreux, Darbel, content de sa journée, quitta sans mot dire la ferme pour se rendre chez Ferdinand, où il apprit non sans en éprouver autant de surprise que de mécontentement, que le jeune avocat s'était mis en route sans daigner l'attendre ni même recevoir ses adieux. Le lendemain sur le midi, et comme Renard était seul au logis, il vit arriver la dame Brémond, avantagée ce jour-là d'une figure allongée et taciturne.

— Bonjour, Renard, fit la dame en tombant sur une chaise.

— Bonjour, commère, quel bon vent vous amène aujourd'hui, répondit le fermier d'un ton délibéré.

— Hélas ! mon bon Renard, l'obligation de remplir une commission aussi délicate que désagréable, reprit la fermière d'un air contrit.

— Eh bien, parlez, ne vous gênez pas, dame Brémond, je vous écoute, tout en devinant d'avance ce que vous avez à me dire.

— Renard, les enfants volontaires sont bien terribles, soupira la fermière.

— Surtout les enfants gâtés, ceux qui mènent leurs parents par le bout du nez ; ceux-là sont capables de tout, de manquer même aux plus grands égards et à la politesse qu'on se doit entre gens honnêtes, amis et bons voisins. Tenez, dame Brémond, je vous vois si penaude si embarrassée, que j'ai pitié de vous ; aussi, vais-je vous conter tout de suite ce que vous avez l'intention de me dire ! vous venez d'abord pour excuser votre fils des impolitesses qu'il a faites depuis hier à ma fille ainsi qu'à moi, puis m'apprendre qu'il est parti sournoisement pour Paris, sans seulement daigner nous faire ses excuses ni ses adieux; enfin nous annoncer qu'il renonce à devenir mon gendre. N'est-ce pas que j'ai deviné, ma commère?

— A peu près, Renard, mais, maintenant, à votre tour de me permettre d'excuser Ferdinand, et de vous expliquer les raisons qui l'ont forcé d'en agir de la sorte à votre égard.

— Parlez, dame Brémond, reprit Renard dont le visage s'était subitement rembruni en s'asseyant en face de la fermière.

— Renard, mon fils, ainsi que vous le dites, ne renonce pas positivement à devenir le mari d'Angélique, c'est que, m'a t'il-dit, il veut, avant de prendre femme, s'installer à Paris et commencer sa clientèle, car vous saurez, Renard, que l'enfant prétend qu'il n'y a rien à gagner de bon ni d'avantageux pour la réputation et la bourse, à exercer en province, la profession d'avocat, et que la grande ville est le seul théâtre qui convient à son éloquence comme à son talent. Quant à avoir quitté le pays sans vous faire ses adieux, il ne faut pas trop lui en vouloir, au cher innocent, qui craignait que son projet de vivre et d'exercer à Paris ne soit pas de votre goût et que vous ne le combattiez, a voulu éviter toute discussion en s'éloignant sans mot dire, se promettant de revenir un jour vous faire part de ses succès et de se marier avec votre chère fille, qu'il aime de tout son cœur.

— Commère, votre fils a raison, car cette gloire, cette fortune qu'il va chercher à Paris, sont deux fort bonnes choses qu'il ne trouverait certes pas ici et qui méritent bien qu'on fasse quelques sacrifices pour les obtenir. Gare que je passe! arrière la famille, les amis, les affections du cœur, les convenances sociales, je suis pressé, tel est le cri des ambitieux, ce qui fait que ces gens-là vont vite, parce qu'ils foulent tout à leurs pieds pour s'ouvrir le passage, afin d'arriver promptement au but qu'ils se proposent d'atteindre; seulement, il n'y a qu'une chose à craindre, c'est que dans la rapidité de sa course, l'ambitieux ne se heurte en route à plus fort que lui, et que le choc ne le brise.

— Renard, vous jugez mal Ferdinand, qui, quoi qu'étant un tantinet ambitieux, n'en est pas moins bon fils et bon ami; quant au choc que vous redoutez pour lui, croyez que le cher enfant possède assez de sagesse et de bon sens pour l'éviter... Oh! vous verrez, Renard, que mon fils deviendra un homme important dont la célébrité rejaillira sur votre chère fille, lorsqu'elle sera devenue sa femme bien aimée.

— Tant mieux, corbleu! Ah ca! mais avant de partir, vous a-t-il au moins chargé de nous dire en quelle année sa célébrité lui permettra d'honorer Angélique du titre de madame son épouse? s'informa Renard en riant.

— Non, Renard, mais cela ne sera pas

long, répondit menteusement la fermière menteusement, parce qu'elle n'osait avouer au fermier que son fils trouvait que sa fille était un parti trop mesquin pour un homme de son importance.

— Allons, qu'il se dépêche et fasse en sorte que la petiote, trouvant le temps trop long, ne s'impatiente et ne jette ses vues sur un autre épouseur.

— Vous dites bien, Renard, il faut que Ferdinand se hâte, car la tête et le cœur d'une fille sont choses très variables, répliqua la fermière en souriant et tout en pensant tout bas que ce serait le mieux que puisse faire Angélique.

— Ainsi, mon bon Renard, vous ne

gardez nulle rancune à mon fils? reprit la dame.

— Pas le moins du monde!

— Et nous n'en restons pas moins bons amis? reprit cette dernière en tendant la main au fermier qui y plaça la sienne.

— Toujours amis, commère, et toujours à votre service même le jour où vous auriez besoin, que l'amitié vienne en aide à votre infortune, si jamais le sort vous était contraire.

— Que semblez-vous me prédire-là, Renard. Moi, devenir malheureuse au point d'avoir un jour recours à mes amis! Oubliez-vous que je possède cent mille écus de bon bien et que mon fils va doubler cette petite fortune par son travail.

— C'est juste ; bientôt une fortune princière ! oh ! vous serez sous peu une grande dame, ma commère, fit Renard d'un air tant soit peu sardonique.

— Merci de la prédiction, voisin, quoique je ne sois rien moins qu'ambitieuse. Maintenant, permettez que je vous quitte pour retourner chez moi, où j'ai des ordres à donner à mes valets, reprit dame Brémond, qui se leva de sa chaise pour prendre congé du fermier et s'empressa de retourner à sa ferme, où, aussitôt arrivée, elle donna l'ordre d'atteler une cariole dans laquelle elle monta pour se diriger vers Orléans, à la demeure de son notaire.

— Ah! dame Brémond, quel heureux hasard vous amène dans mon cabinet? s'informa le garde-notes, en s'empressant d'avancer un siége à sa cliente.

— Un besoin d'argent, mon cher monsieur Duret.

— Quoi, vous une des plus riches fermières du pays, vous éprouvez cette maladie.

— Riche en effet, car je possède une belle ferme, des terres, des prés et des bois, mais pas d'argent comptant, et je me trouve en ce moment avoir le pressant besoin d'une cinquantaine de mille francs, que je désire emprunter.

— Il est facile de vous procurer cette somme. Qu'offrez-vous en garantie ?

— Ma ferme et ses dépendances, c'est gentil, n'est-ce pas ? répliqua vivement la fermière.

— Certes !... Quand vous faut-il cet argent.

— Sous huit jours au plus, afin de l'envoyer à mon fils qui se fixe à Paris, pour y exercer son état d'avocat.

— Superbe carrière qui le mènera loin, car M. Ferdinand est homme d'intelligence et de courage.

— N'est-ce pas qu'il réussira et fera fortune ? demanda la fermière vivement.

— Sans nul doute ; considération, célébrité et fortune, voilà ce que tout homme qui connaît et a sû apprécier votre fils, s'empressera de lui prédire sans craindre de se tromper, ajouta le notaire afin de flatter sa cliente.

— Cela me fait grand plaisir, mon cher monsieur Duret, de vous entendre parler ainsi contre l'avis des gens de mon endroit, des jaloux qui me disent tous que j'aurais bien mieux fait de faire de mon garçon un fermier comme feu son père, qu'un homme de science et de savoir.

— N'écoutez pas ces imbécilles, dame Brémond, et laissez faire votre fils.

— N'est-ce pas qu'il y a des avocats qui deviennent députés, ministres même? demanda la fermière.

— Immensément! répliqua le notaire.

— Eh bien, mon garçon deviendra tout cela, mon cher monsieur.

— Je le crois sans peine. Et son mariage avec la fille de Renard.

— Oh! rompu tout à fait! vous comprenez qu'il faut à Ferdinand une fille élevée dans le grand monde, et qu'il puisse présenter dans la société sans craindre d'avoir à rougir.

— Certainement, surtout si par son talent, comme il n'y a pas à en douter, votre fils s'élève à quelque poste important, et comme pour y parvenir l'argent est un puissant auxiliaire, souvenez-vous que j'en aurai toujours à votre disposition, ma chère madame Brémond.

Laissons la fermière s'occuper de son emprunt et en débattre les conditions, et retournons à la ferme de Renard, pour retrouver ce dernier en conversation avec sa fille, laquelle les yeux humides de larmes et le teint coloré d'une vive rougeur écoutait parler son père, le regard baissé et contrit.

— Eh bien oui, père, vous avez raison de me gronder, car il y a lâcheté à moi de regretter un homme qui se conduit, en mon endroit, avec autant d'indifférence que d'impolitesse. Ah ! ce beau monsieur se figure que je vais ainsi attendre le jour où il lui plaira de venir m'épouser ? Eh bien, il se trompe fort le beau muguet. Dieu merci, il y a assez de garçon dans le pays qui me lorgnent et me font la cour ; qu'il s'en présente un pour me demander en mariage et je l'accepte, si tel est votre bon plaisir, cher père, afin de faire enrager Ferdinand.

— Bien parler, fillette ? et si tu veux, je te marierai avec ce bon et courageux Darbel.

— J'y consens, père. Mariez-nous tout de suite, fit Angélique d'un ton résolu.

— Tout de suite, non pas ! D'abord il

faut pour cela le consentement du jeune homme, et ensuite je ne me soucierais nullement de donner à ce brave garçon une fille qui ne l'épouserait que par dépit et pour faire enrager un infidèle ; or, fillette, laissons venir les choses, tandis que tu t'efforceras de te consoler de l'indifférence de ce Ferdinand ; ensuite, nous verrons s'il y a moyen d'arranger l'affaire.

IV

Ferdinand, en quittant furtivement Lebreuil, sans daigner en prévenir qui que ce soit, ni même son ami Darbel, s'était dirigé vers Orléans et la gare du chemin de fer, et monta dans un vagon, où il se trouva en compagnie d'un jeune homme agé de vingt-quate à vingt-cinq ans, d'un physique assez agréable et d'une humeur qui paraissait des plus joyeuses, à en juger par le perpétuel sourire stéréotypé sur ses lèvres.

Il y avait à peine dix minutes que les jeunes gens roulaient en silence, assis presqu'en face l'un de l'autre, lorsque le jeune homme étranger, qui n'avait cessé de fixer son regard sur Ferdinand, lequel se tenait grave et soucieux sur la banquette, lui adressa la parole en ces termes :

— Pardon, monsieur, si je vous interromps dans les sérieuses réflexions auxquelles votre esprit semble se livrer, mais plus je vous regarde, plus je me persuade que vous ne m'êtes pas inconnu.

— C'est possible, monsieur, car je suis enfant de ce pays où j'ai été élevé, et si vous en êtes aussi, il peut se faire que nous nous soyons souvent rencontrés, répliqua Ferdinand tout en fixant à son tour l'interlocuteur.

— Monsieur, je me nomme Folleville, je suis natif d'Orléans, et j'ai fait mes études au collége de cette ville.

— J'y ai de même fait les miennes et c'est sans doute là que nous nous serons rencontrés, reprit Ferdinand.

— Ne vous nommez-vous pas quelque

chose comme Brémond autant que ma mémoire peut me le rappeler.

— Oui, monsieur, Ferdinand Brémond.

— Alors, tu es un de mes anciens amis. Touche-là, Ferdinand, je suis enchanté de te revoir, et si tu veux te donner la peine d'interroger tes souvenirs, tu te rappelleras que moi Adrien Folleville, fus pour toi un ami dévoué, qui t'aidait dans l'achèvement de tes devoirs lorsque tu t'étais avisé de préférer le jeu au travail, puis encore, recevait en ton lieu et place, les horions que les camarades te destinaient en récompense des mauvais tours que tu te plaisais à leur jouer, quoique n'étant rien moins que brave.

— En effet, je me souviens, oui, vous fûtes pour moi un bon camarade, répliqua Ferdinand.

— Comment, tu ne me tutoies pas comme autrefois, comme je le fais aujourd'hui, après avoir reconnu ton identité.

— Eh bien, Folleville, je suis enchanté de te revoir, reprit Ferdinand en pressant la main que lui tendait son ami de collège.

— Où vas-tu ainsi, cher ami? interrogea Folleville.

— A Paris, et me fixer dans cette ville en qualité d'avocat.

— J'y vais aussi, pour l'habiter et m'y

marier à une mienne cousine, à laquelle je suis destiné depuis l'enfance, enfin, remplir la volonté de mes chers parents, qui en mourant, m'ont laissé orphelin avec vingt mille livres de rente, ot expressément recommandé l'accomplissement de cette union ; ou leurs désirs étant pour moi chose sacrée, je m'empresse de les satisfaire.

— Voilà qui est loyal et le fait d'un fils respectueux. Mais connaissez-vous! connais-tu la jeune fille à laquelle tu vas te marier? demanda Ferdinand.

— Certes! car sa mère l'a souvent amenée à Orléans. Constance, ma cousine, est une jolie brunette âgée de dix-sept ans, spirituelle et fort espiègle, qui fera fort enrager son mari tout en se promettant de le rendre très heureux. Ah ça, et toi Ferdinand, ne comptes-tu pas te marier bientôt?

— J'y compte, aussitôt que mes succès dans le barreau me permettront de faire choix d'une épouse que je veux prendre dans quelque riche famille.

— Ah diable! tu es ambitieux, à ce que je crois deviner, dit Folleville.

— J'en conviens, quelque peu, répliqua Brémond.

La conversation des deux amis se continua jusqu'au moment de leur arrivée à Paris, où ils descendirent ensemble dans le même hôtel, situé rue du faubourg Poissonnière, quartier qu'habitait la famille de la prétendue de Folleville. Quant à Ferdinand, en attendant qu'il eut choisi un appartement et l'ait fait meubler, peu lui importait de demeurer dans une rue ou dans une autre.

Nous avouerons maintenant, que ledit Adrien Folleville, devenu notre connaissance et auquel nous devons désormais nous intéresser, jouissait d'un caractère des plus inflammables, était grand amateur de femmes, sexe pour lequel il professait une adoration profonde; ce qui fut cause que huit jours s'étaient écoulés depuis son arrivée dans la capitale sans qu'il eut trouvé le temps de visiter ses parents et sa prétendue.

C'était par un beau matin que notre

jeune homme se promenait aux abords de la rue Saint-Denis, où il guettait au passage une petite ouvrière fleuriste, qu'il avait accosté et reconduit jusqu'à sa demeure la veille au soir, que Folleville donc se sentit appréhender au corps, et qu'en levant les yeux il reconnut son oncle, le père de Constance, sa prétendue ; dans le petit homme grassouillet, à la face rubiconde et souriante, qui s'emparait de sa personne.

— Comment, tu es à Paris, mauvais sujet, et depuis huit jours que tu nous as annoncé ton arrivée à Paris, tu nous laisses dans l'attente de ta personne et l'inquiétude de ton sort ? fit le petit homme intitulé Fromageo, ex-confiseur retiré des affaires.

— Cher oncle, embrassons-nous d'abord, puis apprenez que des comptes à régler avec mon avoué et mon notaire, ayant retardé mon départ, je ne suis arrivé que d'hier soir fort tard à Paris, où vous me voyez à la recherche de votre demeure.

— Comment, tu cherches mon domicile dans la rue Saint-Denis, lorsque j'habite depuis un mois le faubourg du Roule? reprit M. Fromagèo.

— Cher oncle, ayant eu la maladresse d'égarer en route votre nouvelle adresse, mon intention était de vous chercher dans toutes les rues de cette immense ville, et comme vous voyez, je me mettais à l'œuvre, en commençant par celle-ci.

— Pauvre garçon! qu'il est heureux que je l'aie rencontré! combien de peine cela va t'éviter! vrai, je frémis quand je pense à l'immensité du travail auquel tu allais te dévouer afin de retrouver une famille égarée. Mais, pauvre enfant! tu serais mort à la peine; ce Paris est si grand! Allons, viens et prenons l'omnibus afin que je te conduise dans les bras de ta tante et ceux de ta prétendue, ma douce et candide enfant, que tu vas retrouver embellie et gentille à croquer.

— Allons, cher oncle, répondit Folleville, quoique fort contrarié d'être forcé de renoncer à l'attente de sa fleuriste et, qu'après avoir été brouetté l'espace d'une grande heure dans un omnibus, fit son entrée dans la demeure de l'ex-confiseur, lequel occupait, avec sa femme, sa fille et une jeune servante, une petite maison dont il était propriétaire, et laquelle se composait d'un rez-de-chaussée, de deux étages et d'un petit jardin.

— Victoire! Le voilà, ce cher neveu; je vous l'amène après l'avoir rencontré errant dans les rues de Paris où il cherchait sa famille, cria M. Fromageo du plus loin qu'il aperçut sa femme et sa fille.

Madame Fromageo était une femme frisant la cinquantaine, grosse, courte à l'instar de son mari, roulant plus qu'elle ne marchait, et née, malheureusement, à une époque où l'inoculation de Zenner était encore à l'index; yeux bleus à fleur de tête et joues rebondies. Telle était la dame qui s'empressa d'étreindre dans ses bras l'enfant de sa défunte sœur. Quant à Constance Fromageo, c'était une jeune fille à l'air candide, pour ne pas dire niais, qui, sans être ce qu'on appelle une beauté, n'en était pas moins un très friant morceau avec ses dix-sept ans et sa taille de guêpe.

Échappé des bras de la tante, Adrien s'empressa de s'approcher de sa cousine pour la féliciter sur sa gentillesse et lui demander la permission de déposer le premier baiser de l'amour sur son front pur et blanc, faveur que lui octroya, sans trop rougir, la jolie fillette.

— Ça, mon gendre, qu'avez-vous fait de vos bagages ? demanda madame Fromageo.

— Chère et bien-aimée tante, je les ai laissés chez un de mes amis, avec lequel j'ai fait le voyage d'Orléans à Paris.

— Il faut envoyer les chercher; car tu sauras que je t'ai fait préparer une chambre ici.

— Merci, cher oncle, de cet excès de prévenance, mais vous me permettrez de ne point accepter, vu qu'il ne serait nullement décent que j'habitasse sous le même toit que votre chamante fille sans 'être son époux, répliqua Folleville qui, avant tout, tenait à sa liberté, et ne consentait à l'enchaîner un peu plus tard par le mariage, que pour satisfaire la volonté de ses défunts parents.

Ce fut en vain que l'oncle et la tante combattirent le refus que faisait Adrien de loger chez eux, il fallut céder; mais après avoir reçu la promesse du jeune homme de venir s'installer chez eux du matin jusqu'au soir.

Folleville consacra cette première journée à faire sa cour à Constance, mais avec cette courtoisie dont s'acquitte ordinairement un homme amoureux et très pressé de surmonter les indécisions.

— Que vous êtes vif et pressant, mon cousin! Comment, réunis seulement depuis quelques heures et connaissant à peine votre caractère, vous exigez déjà que je vous dise : je t'aime ! et vous en donne la preuve par un baiser... Attendez, monsieur, attendez, de grâce ! Oh ! mon cœur ne court pas ainsi la poste, disait Constance en repoussant par le raisonnement et de ses petites mains blanchettes les entreprises du galant futur.

Arriva l'heure du dîner, aux soins duquel s'étaient consacrés la journée tout entière, l'oncle, la tante, la servante du logis plus une aide de cuisine. Il faut dire encore qu'on attendait trois autres personnes à dîner, des amis de la famille, auxquels on s'était empressé d'envoyer une invitation en leur annonçant l'arrivée du neveu et futur.

Le couvert était magnifique, car on avait exhumé des armoires le linge damassé, les cristaux et porcelaines des jours de grands galas.

Les trois invités, deux hommes mûrs et une vieille femme coquette, fardée et plâtrée étant arrivés, on se mit à table ; mais pour compléter la fête et que rien n'y manquât, M. Fromageo, avant de prendre place au couvert, tira la ficelle d'un tableau à musique appendu à la muraille de la salle à manger, lequel fit aussitôt entendre l'air du duo de *la Favorite*.

Madame Fromageo s'empressa de découper et de surcharger les assiettes de ses convives.

— Voilà du bordeaux qui ne me coûte pas moins que cinq cents francs la pièce, dit l'ex-confiseur en levant son verre, goûte-moi ça, mon neveu.

— Parfait, cher oncle.

— C'est carré, n'est-ce pas?

Au bordeaux succéda le château-margaux, puis à ce dernier nectar un vin de Romanée douillettement couché dans un berceau d'osier, vins généreux que l'amphytrion versait à plein verre, sans égard pour les cervelles de ses convives, lesquels convives, échauffés outre mesure, parlaient et criaient tous ensemble et n'en continuaient pas moins de vider leurs verres *rubis* sur l'ongle.

Quant à Folleville, que le vin rendait fort entreprenant et fort tendre, c'était à grand'peine si Constance, assise près de lui, parvenait à soustraire le sien au frôlement d'un genou téméraire qui, sans cesse, le provoquait par de tendres pressions.

Après avoir pris le café, issu de la Martinique, avoir abusé d'une foule de liqueurs nées aux îles, dont il fallut avaler en même temps la généalogie, l'ex-confiseur, neveu et convives quittèrent la table en trébuchant.

Adrien profita de ce mouvement pour prendre la tête de sa future entre ses deux mains, et couvrir son visage d'une foule de baisers, en dépit des efforts de la jeune fille pour se dégager. Puis on passa au salon où l'on entama les parties de piquet et d'écarté, où Folleville ayant pris à part sa future femme et refugié avec elle dans un coin de la pièce, continua de lui faire une cour empressée, de lui débiter mille jolis propos plus séduisants les uns que les autres, lesquels jetaient le trouble dans le petit cœur de l'innocente jeune fille.

La onzième heure du soir, en sonnant à la pendule du salon, donna le signal de la retraite.

Adrien prit congé de la famille et partit après avoir fait la promesse de revenir le lendemain pour le déjeûner.

Ce fut dans l'omnibus que se réfugia notre jeune homme pour regagner sa demeure, où il se plaça à côté d'une dame élégante, d'une figure agréable et âgée au plus de vingt-cinq à vingt-six ans, avec laquelle il brûlait d'envie d'entamer la conversation, en se voyant seul avec elle dans le véhicule.

— Madame, veuillez être assez bienveillante pour me dire si cette voiture conduit au faubourg Poissonnière? fit notre jeune homme qui succombait à la tentation.

— Oui, monsieur, par le boulevart, répondit gracieusement la dame.

— Merci, madame; et convenez qu'il est

fort difficile pour un provincial tel que moi de se tirer d'affaire dans les mille et inextricables détours d'une ville comme Paris.

— Ah! vous êtes de la province, monsieur?

— D'Orléans, madame, d'où je suis arrivé hier en l'intention de me fixer pour toujours à Paris, séjour enchanteur où vous rencontrez à chaque pas une femme aimable et jolie, et vous en êtes la preuve vivante, vous, madame, que le bonheur vient de placer sur mon chemin.

— Quel avantage trouvez-vous donc dans une simple rencontre qui, telle que la nôtre, commence au milieu d'un court trajet pour se terminer dans quelques minutes, à la prochaine station ?

— Celui, madame, d'admirer en vous une charmante personne et d'en conserver le doux souvenir.

— Vous êtes poli et très galant, monsieur, fit la dame en souriant et montrant deux rangées de dents d'une forme et d'une blancheur admirables.

— Dites sincère, madame, en rendant à vos charmes l'hommage qui leur sont dûs.

— On est aimable à Orléans, à ce qu'il me paraît, reprit la dame.

— Auprès des dames, celles qui vous

ressemblent, mais on en rencontre peu...
Est-ce à une dame ou à une demoiselle à
qui j'ai l'honneur de parler?

— Vous êtes curieux, monsieur, mais
en même temps trop galant pour que je
refuse de vous répondre : je suis veuve,
monsieur.

— Oh! bonheur! s'écria Folleville avec
ivresse.

— Que trouvez-vous donc de si heureux
en cela, monsieur?

— Parce que, madame, étant libre et
veuve, vous serez assez bonne, sans doute,
pour me permettre de vous offrir mon
cœur et mes hommages.

— Rien que cela? fit en riant la veuve dont cette déclaration ne semblait pas effaroucher la susceptibilité. Je ne vous connais pas, reprit-elle, permettez-moi de vous refuser.

— Si ce n'est que cette légère difficulté qui vous retient, je vais la lever instantanément : j'ai vingt-quatre ans, vingt mille livres de rentes, je me nomme Adrien Folleville, natif d'Orléans, orphelin de père et de mère, de plus garçon et possesseur d'un cœur neuf et libre. Maintenant, à votre tour, madame.

Comme cette dernière se disposait à répondre, l'omnibus atteignit le but de sa course; alors force fut à nos deux voyageurs d'en descendre.

—Un moment, madame, on ne s'éloigne

pas ainsi avec insouciance, d'un homme qu'on a rempli d'amour et de désir ; d'ailleurs, je viens de vous faire la biographie sincère et complète de ma personne, et il me reste à entendre la vôtre, fit Folleville en marchant à côté de la dame sur le boulevart où ils venaient de mettre pied à terre.

— Monsieur Folleville, venez demain à midi déjeûner avec moi, et je satisferai votre curiosité. Je demeure rue Neuve-des-Mathurins, n° 7 ; vous demanderez madame de Sainte-Agathe, et maintenant, à demain, car un de mes parents va sans doute venir au-devant de moi, et il pourrait trouver étrange de me voir en compagnie d'un jeune homme.

— Merci, madame, merci de tout le bonheur que vous me faites espérer, et à demain ! répondit Adrien en s'emparant vivement de la main de la dame pour la porter à ses lèvres et y déposer un baiser, puis s'éloigner ensuite.

— Je tiens mon pigeon, fit madame de Sainte-Agathe, après avoir quitté le jeune homme.

— Cette femme-là doit être une lorette; n'importe! elle me plaît, et je serai sur mes gardes, pensait Folleville de son côté.

V

— Oui, ma chère petite, il ajourne votre mariage, il est parti sans daigner même venir s'excuser auprès de toi, sans même nous faire ses adieux. Que penses-tu d'une pareille conduite? avait dit Renard à Angélique, quelques heures après la visite que lui avait faite la dame Brémond.

— Je pense, mon père, que je suis une fille bien malheureuse aimer un homme dont je ne suis pas aimée, avait répondu Angélique en essuyant les larmes qui s'échappaient de sa paupière.

— Comment ! après une pareille conduite à ton égard, l'indifférence qu'il nous témoigne, tu songerais encore à l'aimer ? Mais il y aurait folie de ta part, tu serais une fille sans cœur ni amour-propre, reprit Renard avec colère.

— Que voulez-vous, cher père ? Depuis l'enfance vous m'avez habituée à regarder Ferdinand comme mon futur mari; sans cesse, vous et madame Brémond, sa mère, m'avez vanté les excellentes qualités que vous supposiez à son cœur ; avec Ferdinand, enfin, j'ai grandi, joué ; il m'appelait sa petite femme, moi, je l'appelais mon petit mari; alors je vous voyais sourire de contentement, et aujourd'hui vous me blâmez de donner quelque regret à la perte de mes plus chères illusions. Ah ! mon père, me prenez-vous donc pour une âme frivole, indifférente, pour croire que j'accepterais d'un œil sec une aussi pénible et humiliante déception ?

— Diable ! mais je ne me doutais guère, chère enfant, que tu aimas à ce point ce Ferdinand dont le séjour de la grande ville a gâté le cœur et fait un ambitieux. Enfin, console-toi et attends son bon plaisir, puisqu'il en est ainsi, car dame Brémond ne m'a pas positivement dit qu'il renonçait à t'épouser.

— Mon père, je désire que vous écriviez à Ferdinand, que vous le contraigniez à s'expliquer, et s'il vous dit qu'il renonce à moi, alors je m'appliquerai à l'effacer de mon cœur, à l'oublier et le mépriser, fit Angélique.

La présence de Darbel qui entrait dans la salle où causaient le père et la fille, interrompit l'entretien de ces derniers.

—Soyez le bienvenu en ce moment, mon cher ami, car vous allez m'aider à consoler cette petite folle, assez peu raisonnable pour pleurer un amoureux qui la délaisse, dit Renard au jeune homme.

— Cela est une preuve que mademoiselle Angélique sait aimer avec sincérité et constance. Heureux celui qui a su lui inspirer un aussi tendre sentiment, répondit Darbel d'un air triste et pensif.

— Et lui en prouver sa reconnaissance par de bons procédés, surtout, fit en riant le fermier.

— Renard, je viens de visiter nos faucheurs, et vous prévenir que le foin est entièrement abattu, reprit Darbel, désireux sans doute de changer la conversation.

— Diable! la besogne a été bon train,

ce matin, grâce à votre présence, mon cher Darbel; car je sais que vous étiez sur le pré dès la pointe du jour. Oh! vous êtes un gaillard actif et courageux, à ce que je vois, dit Renard en pressant la main du jeune homme.

— Monsieur Darbel, dit Angélique vivement, vous êtes l'ami intime de Ferdinand; je sais qu'il n'a point de secret pour vous, eh bien! rendez-moi service en me disant avec franchise quelles sont ses intentions envers moi et l'union projetée par nos familles? Ferdinand, oui ou non, a-t-il l'intention de m'épouser?

— Ma foi, mademoiselle, vous m'en demandez beaucoup plus qu'il n'a plu à Ferdinand de m'en dire, et ce qui est la preuve certaine que sa confiance ne m'est point entièrement acquise, c'est ce départ silencieux et précipité dont il n'a seulement pas daigné m'instruire.

— Ainsi, jamais il ne vous a dit qu'il ne m'aimait pas, qu'il renonçait à ma main? interrogea de nouveau la jeune fille en fixant sur Darbel un regard inquiet.

— Jamais, répondit Darbel, mais non sans un peu d'hésitation.

— Allons, vous me trompez aussi, monsieur, c'est mal de votre part, bien mal! fit Angélique avec dépit.

— Jarni! pourquoi tourmenter ainsi ce pauvre garçon et vouloir qu'il te dise ce qu'il ignore ? Est-ce qu'un sournois comme ce Ferdinand Brémond a pour habitude de dire tout ce qu'il pense ? Pas si bête ! un jésuite est trop malin pour se déboutonner de la sorte.

Comme Renard achevait ces derniers mots, une servante de la ferme vint lui apporter une lettre qu'il s'empressa d'ouvrir pour lire ce qui suit : « Monsieur
« Hamilton, arrivé en France et désirant
« causer avec M. Renard, le prie de vou-
« loir bien se rendre auprès de lui au reçu
« de ce billet. Il attend M. Renard à l'Hôtel
« du Loiret, à Orléans. »

— Viendrait-il pour me la reprendre ? murmura Renard, devenu pâle et tremblant, tout en froissant convulsivement la lettre dans sa main :

— Qu'avez-vous donc, cher père? demanda vivement Angélique avec inquiétude.

— Rien! un brin de contrariété... Denis, d'Orléans, qui m'écrit qu'il ne peut me payer la graine que je lui ai vendue il y a six mois, et me prie de lui accorder un nouveau délai.

— Faites cela, père, car Denis est un brave père de famille, fit Angélique.

— Certainement que je le ferai, et je vais même m'empresser de me rendre à Orléans, afin de lui remettre les fonds du billet qu'il m'a souscrit, afin qu'il puisse le payer demain, jour de son échéance. Quant à toi, petiote, tâches de te consoler et de ne plus pleurer, surtout pendant mon absence. Darbel, veillez sur elle et faites tous vos efforts pour l'égayer un brin.

Cela dit, Renard, pressé de mettre fin à la vive inquiétude qui semblait le torturer depuis le reçu de la lettre, s'en fut vivement à l'écurie pour seller un bidet qu'il enfourcha pour se mettre en route au galop, en se dirigeant sur la ville d'Orléans, où il mit pied à terre dans la cour de l'Hôtel du Loiret.

— Me reconnaissez-vous, Renard ?

— Oui, milord, répondit le fermier à l'homme devant lequel il venait de se présenter et qui lui adressait cette question.

— Pas de milord ici, mon ami, et que je

ne sois pour vous que Jacques Hamilton, le négociant de la cité de Londres. Maintenant, empressez-vous de me donner des nouvelles de ma fille, reprit le milord, bel homme à la physionomie noble et douce.

— Notre Angélique se porte à merveille, monsieur, comme je vous le dis : mais vous-même, d'où diable sortez-vous depuis plus de dix ans que je ne vous ai vu ni entendu parler de vous?

— Des grandes Indes, dont je ne suis de retour que depuis un mois.

— Ça, dites-moi vite, venez-vous pour me rendre heureux ou malheureux? Enfin, est-ce mon enfant chéri que vous venez m'enlever?

— Tranquillisez-vous, brave homme, Angélique est à vous, bien à vous qui l'avez élevée, aimée comme un père aime son propre enfant.

— A la bonne heure ! voilà des paroles qui me retirent cent livres de plomb de dessus la poitrine. Ah ! votre lettre m'a fait une fière peur.

— Renard, déjeûnons et causons, reprit le milord tout en s'asseyant à une table servie dans la chambre où il venait de recevoir le fermier.

— Oui, causons, causons de notre chère Angélique, répondit Renard tout en se plaçant à table en face du milord.

— Renard, je vous dois beaucoup d'ar-

gent, car si je compte bien voilà dix ans
d'écoulés depuis que je ne vous ai payé la
pension de ma... de notre fille.

— Monsieur Hamilton, vous ne me devez rien, car le temps est loin, Dieu merci,
où la pauvreté me contraignait d'accepter
de vous un salaire pour aider à vivre ma défunte femme, nourrice de votre enfant, et
moi. Aujourd'hui, grâce à mon seul travail,
je suis riche, riche assez enfin pour pouvoir, sans me gêner, donner à Angélique,
quand je la marierai, une dot de cinquante
bons mille francs et cent cinquante autres
le jour de ma mort, vu qu'elle est mon
unique héritière.

— Renard, vous êtes un digne homme, un

cœur généreux comme l'or; mais moi aussi je veux enrichir notre fille, et de beaucoup, encore, fit le milord les larmes aux yeux en pressant la main du fermier dont il venait de s'emparer. Renard, je ne veux, je ne dois plus avoir de secrets pour vous; depuis longtemps sans doute vous devez désirer connaître celui de la naissance d'Angélique et la cause qui m'a forcé de tenir éloigné de moi un enfant que j'aime, dont les caresses eussent été pour mon cœur un charme précieux; eh bien, en peu de mots je vais tout vous apprendre... Écoutez! Moi, Hamilton Dawis, lord d'Angleterre en 1832, j'ai épousé miss Arabelle Suffock, fille unique d'une riche et puissante famille d'Écosse. J'espérais, en contractant cet hymen, en épousant la fille que j'aimais alors, m'assurer un avenir heureux et paisible, mais hélas! il n'en fut point ainsi, car cette Arabelle, cette blonde fille en laquelle j'avais cru rencontrer la beauté, la douceur, un cœur enfin qui répondit à mon cœur, n'était autre qu'une femme orgueilleuse, ambitieuse et incapable de comprendre ni de répondre aux tendres sentiments qui m'avaient guidé vers elle et fait désirer sa possession. Arabelle ne m'aimait pas, et si elle avait daigné m'accepter en qualité d'époux, ce n'était que pour acquérir, au prix de ce sacrifice, le droit de faire rendre compte à son père des biens immenses que lui avait laissé sa mère, morte deux ans avant notre mariage. Il fallut peu de temps pour détruire ma plus douce illusion, car cette femme, ne tenant nul compte de ma tendresse, de mes soins empressés, après quelques jours d'union, se montra à moi ce que la nature l'avait faite, c'est-à-dire, fière, méchante, insensible, et cependant jalouse à l'excès, d'un mari dont elle empoisonnait tous les instants par son humeur acariâtre et tyrannique. Après trois ans de mariage, ou pour mieux dire de souffrance, désireux d'un instant de paix et de liberté, je sollicitai secrètement une mission à l'étranger et fus envoyé en France, chargé d'une réclamation auprès du gouvernement de ce pays : affaire importante et délicate qui devait me retenir plusieurs mois à Paris, éloigné de ma femme, à laquelle le mauvais état de sa santé défendait de me suivre. Il y avait un mois à peine que j'habitais Paris, lorsqu'un soir d'été, me promenant à pied, seul, triste et pensif dans les Champs-Élysées, je fus troublé dans les réflexions auxquelles je m'étais livré par le son d'une petite voix douce et tremblante qui me disait ces mots :

«— Au nom du ciel, monsieur, permettez-moi de marcher près de vous, afin d'éloigner un homme qui s'obstine à me suivre et qui m'outrage par d'affreuses paroles. C'était une jeune et jolie fille de dix-neuf ans à peine, dont la mise simple annonçait une ouvrière qui implorait ainsi ma protection en levant sur moi de beaux et grands yeux remplis de la plus touchante expression.

«— Certainement, mademoiselle, mieux

encore, veuillez accepter mon bras et malheur à celui qui oserait alors se permettre de vous insulter, m'empressais-je de répondre.

«— Combien vous êtes bon, monsieur, reprit la jolie fille en coulant son bras délicat sous celui que je lui offrais, tout en lançant un regard menaçant à l'insulteur; homme d'un âge mûr, lequel marchait derrière nous, et qui, me voyant faire un mouvement pour aller à lui, trouva prudent de s'éloigner à toutes jambes. Ayant atteint la place de la Concorde, la jeune fille retira son bras du mien en me disant :

«— Maintenant, je n'ai plus peur, monsieur, et ne voulant abuser d'avantage de votre obligeance, daignez accepter mes excuses, mes remerciements et me permettre de continuer mon chemin.

Cette jeune fille m'intéressait; les réponses naïves et franches qu'elle avait faites à mes questions m'avaient révélé en elle une fille honnête et digne d'intérêt; aussi, m'empressais-je de la prier de me permettre de l'accompagner jusqu'à son domicile, en la crainte que le personnage qui l'avait insulté ne revint à la charge en la retrouvant seule de nouveau. Elle y consentit, non sans quelques difficultés que lui inspirait plutôt la crainte de m'être importune que celle d'une mauvaise pensée de ma part. Tout en marchant, j'interrogeais cette aimable enfant sur sa position, et elle s'empressa de m'apprendre qu'elle se nommait Angélique, qu'elle était orpheline depuis deux ans, seule et vivant de son travail de couture, unique ressource qu'elle possédât; Angélique demeurait rue Saint-Lazare, où elle occupait une petite chambrette, située à un cinquième étage, et dans laquelle je parvins à me faire admettre à force de prières et de supplications ; où devenu deux mois plus tard, l'amant heureux d'Angélique, dont j'avais su me faire aimer, je goûtais un bonheur que je n'avais pu trouver dans mon ménage. En ayant fait la maîtresse d'un lord d'Angleterre, je voulais qu'Angélique fut une femme brillante, et lui assurer une position indépendante, pour le jour où il me faudrait m'éloigner d'elle, d'elle qui me croyait garçon, ignorait mon rang et espérait devenir un jour la femme de l'homme qui la trompait et qu'elle prenait pour un simple particulier avantagé de quelque fortune; mais ce fut en vain que je voulus arracher Angélique, cet ange aimant et désintéressé au travail, à la simplicité, à sa modeste demeure, l'ange refusa tout, se disant assez riche de mon amour. Renard, je vous le dis sur l'honneur, si alors j'avais été libre, garçon, le pair d'Angleterre n'aurait point hésité à élever jusqu'à lui la simple couturière en la prenant pour épouse. Angélique devint enceinte, et ce fut avec autant de joie que de frayeur qu'elle m'apprit cette heureuse nouvelle ; heureuse ! hélas ! Puis-je qualifier ainsi un incident qui devait coûter la vie à la plus charmante, comme à la meilleure des femmes, reprit le lord avec tristesse. Angélique, mon cher Renard, mourut en donnant le jour à son enfant, à cette Angélique dont vous êtes devenu le père, à cette enfant dont il fallut m'éloigner après l'avoir confié à une nourrice, à votre digne femme qui m'avait fait le serment de lui servir de mère et a si bien tenu sa promesse. Vous savez le reste, Renard, que durant sept années, quoique étant éloigné de vous et fixé dans mon pays où me retenaient mes devoirs de citoyen, la volonté d'une femme ombrageuse et exigeante, je ne cessais de m'informer de ma fille, de vous recommander de me donner de ses nouvelles, jusqu'au jour où il me fallut partir précipitamment pour les Grandes-Indes, accompagné de ma femme, voyage lointain, absence cruelle qui se prolongea dix ans, sans que le poste important que j'occupais dans le royaume d'Oude me permît de revenir une seule fois en Europe.

— Diable, dix ans, c'était long ; mais ne pouviez-vous m'écrire de ce pays afin de m'apprendre ce que vous étiez devenu? observa judicieusement le fermier.

— C'est ce que j'ai fait, et vous devez avoir reçu mes lettres? répliqua le lord.

— Pas une seule, fit Renard.

— Voilà qui est étrange ! Auraient-elles été interceptées?

— Peut-être bien par madame votre femme qui aura découvert votre secret.

— Je le saurai !... Maintenant, Renard, parlez moi de ma fille que je compte embrasser bientôt, mais sans lui dire à quel titre je lui donne cette caresse.

— Ça, il y a dix-huit ans, vous avez dit à ma femme, ainsi qu'à moi, voilà un enfant que je vous confie, pour bien longtemps peut-être ; élevez-là, faites-en une fille honnête, et si un jour vous veniez à ne plus entendre parler de moi, ce qui est peu probable, mariez-la, lorsqu'elle aura l'âge, à quelque bon et brave garçon que vous saurez capable de la rendre bien heureuse, et c'est ce que je me disposais à faire en l'unissant en légitime mariage au fils de dame Brémond, la fermière ; un garçon devenu avocat, lorsque l'ambitieux s'est permis de changer d'avis et de nous tourner le dos, au grand regret de notre jeune fille qui paraît en tenir pour lui.

— Renard, si Angélique aime ce jeune homme, il faut qu'elle l'épouse. Son refus provient sans doute de l'exiguité de la dot qu'elle posséde ; mais voyez-le, parlez-lui, dites-lui qu'Angélique lui apporte cinq cent mille francs en mariage, somme que je vais remettre aujourd'hui même entre vos mains.

— Mon Angélique et une fortune pareille pour un vaniteux qui la dédaigne parce qu'elle n'est pas assez riche pour lui, et ne l'accepterait maintenant que pour ses écus ! Non pas ! arrière les égoïstes ! les vaniteux ! Oh ! j'ai mieux que cela pour votre enfant ! Qu'elle oublie ce Ferdinand Brémond et je lui baille pour mari un brave garçon bien éduqué, qui l'aime en secret pour elle, rien que pour elle, et la rendra la femme la plus heureuse de la terre, s'écria Renard.

— Quel est ce jeune homme? s'informa le milord.

— Parbleu, M. Darbel, un brave garçon qui a déserté ce qu'on appelle l'école de droit pour devenir cultivateur, et fait en ce moment son apprentissage chez moi.

— Eh bien, je verrai ce jeune homme, je le jugerai, et, si comme je le pense, il est tel que vous me le dépeignez, nous tâcherons d'en faire le mari de notre chère fille.

— C'est dit ! fit joyeusement Renard ; puis reprenant : Ça, cette petiote-là ne connaîtra donc jamais son véritable père ?

— Non, Renard, tant que lady Arabelle, ma femme, existera, et elle est plus jeune que moi ; je vous avouerai même que le climat de l'Inde, si funeste aux Européens, a entièrement rétabli sa santé, sans cependant rendre son caractère meilleur ni son cœur plus sensible.

— Bah ! il faut espérer que le bon Dieu vous prendra en pitié et qu'il vous débarrassera un de ces jours de cette méchante créature, dit Renard.

— Renard, ce que vous dites et souhaitez-là n'est pas chrétien, fit le milord en souriant.

— C'est possible; mais c'est dit et je ne m'en dédis pas.

— Renard, partons pour votre ferme, car je brûle de désir de voir votre fille ; et surtout n'allez pas oublier que je ne suis que M. Hamilton, négociant anglais.

— C'est convenu, monsieur, soyez sans crainte, répondit le fermier.

Renard et le milord quittèrent la table pour monter dans une berline de voyage, derrière laquelle on attacha le bidet du fermier, et, une demi-heure après, nos deux personnages étaient rendus à la ferme où Angélique les recevait, le sourire sur les lèvres, quoiqu'étant fort triste au fond de son pauvre petit cœur.

— Angélique, c'est bien à toi de m'embrasser à mon retour, mais il faut permettre à monsieur, qui est de mes grands amis, d'en faire autant envers toi, dit Renard en plaçant la jeune fille dans les bras du milord, qui la dévorait du regard, et dont les yeux s'humectaient de douces larmes en contemplant les traits d'Angélique qui ressemblait fort à sa mère.

— Très volontiers, monsieur, embrassez-moi, et soyez le bienvenu en qualité d'ami de mon bon père, répondit la jeune fille en présentant sa joue, sur laquelle Hamilton Dawis, déposa deux baisers.

— Mademoiselle, je n'ai jamais ressenti un plus grand bonheur de ma vie, que celui que vous venez de me procurer en me permettant d'embrasser une aussi charmante personne que vous et qu'on dit aussi bonne et aimable qu'elle est belle.

— Oh! monsieur, je devine à ces gracieux compliments que vous avez écouté mon père, dont l'extrême tendresse ne cesse de me citer à tout le monde comme une perfection, fit Angélique souriante, en introduisant dans le salon de la ferme, le nouvel ami qui s'était emparé de son bras.

— Ah! dame, c'est que j'aime à rendre justice, et ta modestie a beau s'en défendre, moi je soutiens que tu es un petit ange, dit le fermier.

— Taisez-vous, flatteur, car vous finiriez par me rendre orgueilleuse si j'étais assez faible pour vous croire, fit Angélique en prenant à deux mains la tête du fermier pour l'embrasser tout à son aise.

— Ah ça, petiote, il s'agit d'aimer un peu beaucoup cet ami que je te présente, car c'est une personne digne en tout de ton estime, de ton respect et de ton amitié.

— Monsieur, mon père est bon juge, or, comptez que je me ferai un devoir de lui obéir, aussitôt que nous aurons fait plus ample connaissance, dit Angélique à Hamilton qui lui souriait, et dont l'air noble et bon tout à la fois la disposait en sa faveur.

— Angélique, où est donc l'ami Darbel ? demanda Renard.

— Au bottelage, sur le pré, cher père, mais il ne peut tarder à rentrer.

La prédiction d'Angélique se réalisa presque aussitôt, car Darbel se montra dans la cour, accompagné des ouvriers que l'heure du repas ramenait des champs; Darbel, qu'appela Renard, afin de le présenter à lord Hamilton Dawis.

VI

Dans un élégant appartement, situé au deuxième étage d'une des maisons de la rue Neuve-des-Mathurins, et dans un petit boudoir tendu de satin bleu encadré d'une baguette d'or, un jeune homme était étendu paresseusement sur un soyeux tête-à-tête; auprès de lui et enfoncée dans un grand fauteuil Voltaire, était une jeune et jolie femme enveloppée dans des flots de mousseline blanche, dont un filet d'or perlé de grains de corail renfermait la brillante et abondante chevelure d'un noir de jais. L'un et l'autre de ces personnages; par leur tenue nonchalante, et de fréquents bâillements, manifestaient d'un commun accord le profond ennui que leur occasionnait sans doute un tête-à-tête dont la satiété devait avoir détruit tout le charme.

— Ainsi, tu es bien décidé, mon petit Folleville, à t'émanciper demain sans ma permission, disait la dame tout en aspirant une bouffée de la fine cigarette qu'elle fumait à ce moment, et dont son regard suivait jusqu'au plafond les capricieux méandres de la vapeur qu'elle chassait de ses lèvres.

— Oui, chère amie, j'y suis décidé, très décidé. Il est temps que je cesse de filer à tes pieds, ainsi qu'Hercule aux pieds d'Omphale, ainsi que je le fais depuis bientôt quatre mois que nous nous sommes rencontrés un soir dans un omnibus, et que, te prenant pour une femme comme il faut, je t'ai fait la cour, pour ne plus te quitter depuis ce temps, et t'adorer en esclave.

— Plains-toi donc, ingrat, de ce que je

t'ai trop aimé et soigné, fit madame de Sainte-Agathe.

— Je ne me plains pas, mon Agathe, quoi que tes nombreux et coquets caprices aient, dans le peu de temps que nous avons passé ensemble, porté une terrible atteinte à ma bourse, car tu m'as inondé de bonheur et d'ivresse, tu as procuré à mon âme les plus suaves exaltations de l'amour; mais, en la vie, toute chose a son terme, à preuve que les loyers en ont quatre par année, et celui-ci est arrivé où je dois donner signe de vie à ma future Constance Fromageo, qui, depuis quatre mois que je ne l'ai vu, doit me compter aujourd'hui au nombre des trépassés. Plus, il est un mien ami dans Paris, intitulé Ferdinand Brémond, qui s'inquiète de mon absence, se plaint de mon ingratitude, et auquel je veux aller presser la main.

— Eh bien, cher, ne te gêne pas, car, à te parler franchement, ces quatre mois de constance et d'amour, ainsi que toi, commencent à me fatiguer, ils me pèsent, me saturent; quelques jours encore d'une pareille adoration, et je deviendrais idiote, mais en cessant d'être amants, restons amis; qu'en dis-tu, Adrien.

— Tel est mon désir, mon intention, amis, toujours amis, fit Folleville en levant la main.

— Dis donc, cher, comment est-il ton ami Ferdinand? est-ce un bel homme? est-il riche?

— Bel homme et riche, répondit laconiquement Folleville.

— Fais-le moi donc connaître.

— C'est inutile, car tu perdrais ton temps, Ferdinand est un garçon sérieux, très ambitieux, qui vise haut, très haut, fait fort peu de cas de l'amour et des femmes, un garçon enfin qui, s'il se marie un jour, ne choisira sa légitime que parmi les filles de riches et grandes familles, afin de s'en faire un échelon pour s'élever au rang qu'il ambitionne.

— Alors, c'est un vilain monsieur que ton Ferdinand, fit avec dégoût la lorette.

— C'est un homme adroit qui fera son chemin, répliqua Folleville.

— Eh bien, dis-lui de ma part que moyennant trente mille francs qu'il reconnaîtra me devoir et me paiera le lendemain de son mariage sur la dot de sa femme, je me charge de lui faire épouser une très jolie demoiselle fort riche, nièce d'un puissant du jour, dont le crédit le poussera aussi haut qu'il voudra s'élever, dit Sainte-Agathe.

— Plaisantes-tu ou parles-tu sérieusement? demanda Folleville en fixant la jeune femme.

— Je parle très sérieusement.

— En sorte que si Ferdinand te prenait au mot, tu serais à même de remplir cette promesse?

— Très à même?

— Alors, je lui en toucherai deux mots et te dirai ce qu'il en pense.

— Fais cela, mon amour, en faveur de ta chère petite amie à qui une trentaine de billets de mille feraient tant de bien et de plaisir.

— Et tu penses qu'une famille riche et puissante consentirait à unir leur fille à un petit et novice avocat sans cause jusqu'alors?

— J'en suis à peu près certaine.

— Diable! mais cette fillette-là me conviendrait aussi, mais j'ai promis à mon oncle Fromageo d'épouser sa fille, et je suis homme de parole ! fit Folleville en se levant, après avoir entendu la pendule sonner une heure après midi.

— Est-ce que tu me quittes déjà, mon chou ? s'informa la dame.

— Hélas ! oui, mais je reviendrai.

— Quand ?

— Un de ces jours, pour t'embrasser et te faire part de la réponse de Ferdinand, concernant la fille en question. Çà, que vas-tu faire de cette liberté que je te rends si généreusement, mon ange ?

— Dame ! faire en sorte de me consoler le plus gaiement de ton abandon.

— En formant d'autres amours, n'est-ce pas, friponne?

— Je crois que oui, hélas !

— En omnibus, au théâtre ou au bal?

— Cela dépendra du caprice ou de la chance, mais, quoi qu'il arrive, souviens-toi, Folleville, qu'en tout lieu, à toute heure, mon amitié, mais la bonne, la véritable, est au service de mes amis, et que tu es du nombre.

— J'accepte et t'en sais gré, ma chère Agathe, car c'est ainsi que j'aime à me séparer d'une maîtresse.

Quelques instants plus tard, Folleville ayant quitté madame de Sainte-Agathe, avec laquelle il avait fait ménage durant quelques mois et dépensé dix mille francs, se dirigeait, ainsi que les chevaux d'Hipolyte, le fils de Thésé, l'œil morne et la tête baissée, vers la demeure de son oncle Fromageo, en rêvant aux moyens dont il allait se servir pour légitimer la longue absence qu'il venait de faire.

— Comment! c'est toi, mauvais sujet! toi que nous croyions mort? D'où diable sors-tu depuis quatre mois que nous ne t'avons vu et te faisons chercher et tambouriner en tout lieu? disait monsieur Fromageo, après avoir lui-même ouvert la porte au déserteur.

—Ah! mon cher oncle, quel bonheur

de que celui vous presser dans mes bras, moi qui croyais ne plus vous revoir, s'écriait Folleville.

— Voyons, explique-toi ; que t'est-il arrivé ? d'où viens-tu ?

— D'Angleterre, mon oncle, où une milady, tombée subitement amoureuse de moi, m'a fait conduire après m'avoir enlevé, où elle m'a retenu prisonnier dans son château, parce que je refusais de répondre à la violente passion que je lui avais inspiré.

— Est-ce possible ! quoi, cette créature a osé t'imposer à ce point la violence ? fit l'ex-confiseur surpris et plein d'une noble indignation;

— Oui, mon oncle, elle a osé !

— Mais tu n'as donc pas dit à cette femme que tu allais épouser ma fille ?

— Je le lui ai dit, mon oncle, et cet aveu n'a fait que d'augmenter son amour en éveillant sa jalousie.

— Il fallait alors appeler la justice à ton secours.

— Hélas! le pouvais-je, mon oncle, étant sous les verroux.

— Dans un cachot, peut-être?

— Non, mon oncle, dans sa propre chambre à coucher.

— En vérité! quelle indécence!... Et

comment, pauvre enfant, as-tu pu t'échapper des mains de cette nouvelle Putiphar?

— Mon oncle, je vais vous en faire l'humiliant et honteux aveu; mais au nom du ciel, jurez-moi de n'en rien dire à ma pudique tante, ainsi qu'à ma chaste future.

— Je te le jure! fit gravement monsieur Fromageo en levant la main.

— Eh bien! mon oncle, c'est en cédant aux désirs impurs de cette femme, en consentant, après trois mois et seize jours de résistance, à devenir son amant, c'est à ce prix que je suis redevable de la liberté et du bonheur de vous revoir, après quatre mois d'une douloureuse séparation.

— Pauvre garçon! Au moins était-elle jolie?

— Affreuse, mon oncle, rouge, borgne, jaune et maigre.

— Cher enfant! Et c'est pour nous revoir que tu as poussé l'héroïsme à ce point? Oh! sois sans crainte, il faudra que Constance, qui est furieuse après toi, te pardonne; quant à ma Théobalde, ma femme, elle ne pourra que te plaindre et te récompenser en te nommant son gendre.

— Mon oncle, où sont donc ces deux êtres chéris que je brûle du désir d'embrasser?

— Dans l'office, mon ami, où elles s'occupent en ce moment à confectionner de la marmelade de cerises. Je vais les appeler...

— Surtout, de la discrétion, cher oncle !

— Sois sans inquiétude... Tu reviens d'Angleterre où tu as été contraint de te rendre subitement afin d'y chercher un débiteur qui t'emportait une partie de ta fortune. C'est adroit, n'est-ce pas !

— Très adroit, en effet, mon oncle.

L'ex-confiseur, enchanté d'avoir trouvé cet expédient, s'éloigna de toute la vitesse de ses petites jambes pour se rendre auprès de sa femme et de sa fille, qu'il amena par la main et d'un air triomphant, après avoir justifié son neveu, qu'il plaça dans leurs bras d'un air pathétique.

— Oh! mon neveu, est-il permis de laisser ainsi votre famille, vos amis dans l'inquiétude, fit la mère.

— Mon cousin, m'avez-vous au moins rapporté quelque chose de Londres?

— Oui, ma belle cousine, mon adorable fiancée, un cœur enflammé, entouré d'un cercle d'or avec nos chiffres entrelacés; à vous, ma chère tante, un tissu cachemire, et pour mon oncle, une paire de rasoirs.

— Ah! comme c'est délicat de votre part, mon neveu, s'écria la tante en sautant au cou du jeune homme pour l'embrasser.

Folleville, rentré en grâce, consacra le reste de cette journée à ses parents : il l'employa à faire sa cour à Constance, à bourdonner tendrement aux oreilles de cette innocente une foule de ces douces flatteries qui captivent le cœur d'une jeune fille, y jettent le trouble et y font germer certains désirs inconnus. Minuit sonnait, comme Folleville, après avoir pris congé de ses parents et content de sa journée, regagnait, en fredonnant, l'hôtel garni du faubourg Poissonnière, où il avait laissé Ferdinand le lendemain de leur arrivée à Paris, pour n'y plus rentrer que quatre mois après.

—Vos malles sont toujours ici, monsieur, mais monsieur Brémond, votre ami, a quitté l'hôtel voilà trois mois, pour aller demeurer rue de Grammont, 14, répondit à notre jeune homme le garçon d'hôtel. Folleville se fit donner un appartement dans lequel il s'installa et se mit au lit, où, en attendant que le sommeil vint clore sa paupière, il porta ses pensées sur Constance, sa future, dont les formes rondelettes et l'ingénuité aiguillonnaient ses désirs. Le lendemain, et comme sonnait la onzième heure de la matinée, Folleville après s'être dirigé vers la rue de Grammont, se présentait au domicile de Ferdinand, situé au premier étage d'une grande maison. Un domestique en cravate blanche, gilet rouge et culotte jaune, vint ouvrir la porte au visiteur.

— Monsieur est dans son cabinet de travail, et si monsieur veut me dire son nom, je vais l'annoncer, fit le valet.

— Adrien Folleville.

Sur ce le valet se retira, laissant notre jeune homme dans un beau salon tendu de soie, et richement meublé dans le goût moderne.

— Fichtre! quel genre! mon ami Brémond n'y va pas chichement, se disait Adrien en admirant les bronzes, les tableaux et les chinoiseries qui décoraient la pièce.

Le valet revint pour chercher Folleville et le conduire au cabinet de son maître.

— Ah! ah! vous voilà donc ressuscité, mon cher Folleville? d'où diable sortez-vous, que je ne vous ai plus revu depuis le jour de notre arrivée à Paris? demanda Ferdinand en accueillant le visiteur.

Ferdinand, enveloppé dans une riche robe de chambre de damas de soie broché or, et placé devant un bureau en marqueterie d'un fort beau travail.

— Mon cher, j'arrive de Cythère, où l'amour m'a retenu dans les chaînes de la beauté l'espace de quatre mois. Mais, parlons de vous, mon cher Ferdinand; d'honneur! vous êtes magnifiquement meublé! quel luxe! quelle élégance!

— Vous trouvez!...

— Fichtre, voilà un mobilier qui doit vous coûter bon.

— Quarante mille francs, cher, ce sacrifice était nécessaire.

—Je comprends; le luxe est une amorce tendu au client, qui paie en raison du mérite que donne à l'homme de loi ainsi qu'au médecin, la richesse de son mobilier, fit Folleville en riant.

— Ce que vous dites là, Adrien, est de toute vérité, mais vous n'ignorez pas sans doute que ma fortune personnelle me permet de satisfaire mon goût pour le luxe, les arts et le confortable.

— Certainement! aussi, suis-je loin de blâmer votre bon goût dont je suis envieux. Maintenant, il ne manque plus ici qu'une jolie femme pour compléter l'ensemble.

— Oui, comme vous dites, Adrien, une femme jolie, d'une bonne famille surtout, dont je puisse attendre aide et protection, si un jour, fatigué du métier d'avocat, il me prenait la fantaisie d'aspirer à quelque haut emploi dans le gouvernement.

— Bien pensé! et si l'envie de vous marier vous tient tant soit peu au cœur, je crois que je pourrais vous indiquer certaine fille qui, a ce qu'on m'a dit, possède toutes les conditions désirables ; une fille telle que vous la souhaitez.

— Eh vérité! fit vivement Ferdinand en souriant.

— Comme je vous le dis. Une fille jeune, fort belle, riche, de bonne et puissante famille.

— Voilà qui est superbe! Et en quel lieu trône cette merveille? s'informa Ferdinand avec empressement.

— Je l'ignore, mon cher, mais je connais la personne qui pourrait vous renseigner et même se charger d'entamer l'affaire.

— Folleville, faites-moi connaître cette personne.

— Rien de plus facile, mais avant de

rien entreprendre, je dois vous prévenir qu'il s'agit d'un pot de vin d'une trentaine de mille exigé par la négociatrice, ladite somme exigible, prélevée sur la dot et payable le lendemain du mariage,

— Trente mille francs! c'est lourd, mais à dire vrai, une pareille exigence fait augurer avantageusement du chiffre de la dot... Folleville, mettez-moi en rapport avec cette personne, et si les avantages de la fille à marier remplissent les conditions que j'exige, je ne lésinerais pas pour payer ledit pot de vin.

— S'il en est ainsi, habillez-vous, et allons demander à déjeûner à madame de Sainte-Agathe, mon ex-maîtresse, dit Folleville.

— Ce nom-là, cher ami, sent la lorette dix lieues à la ronde, observa en riant Ferdinand.

— Telle est, en effet, la profession de cet ange déchu.

— Et c'est de la main d'une pareille créature que j'accepterai une femme légitime ? Êtes-vous fou, Folleville?

— Cependant, mon cher, du fumier naissent les roses, leur parfum en est-il moins suave pour cela?

— C'est assez juste, ce que vous dites-là, Folleville, et comme une démarche n'engage à rien, allons entendre madame de Sainte-Agathe et déjeûner avec elle.

—.Faisons mieux, répondit Folleville se ravisant : comme l'affaire est sérieuse, qu'elle exige du calme et de la réflexion, et que le vin enflamme les esprits, paralyse la conception ; rayons le déjeûner du programme, et pour inspirer plus de confiance à notre entremetteuse matrimoniale, consentez à la recevoir ce soir chez vous, où en tête à tête et dans le silence du cabinet, il vous sera facile de mieux l'entendre, de l'interroger et de peser ses paroles.

— Voilà qui est sagement penser, mon ami. Oui, envoyez-moi cette femme que j'attendrai ici toute la soirée ; or, je compte sur vous pour la prévenir.

— Soyez sans inquiétude, elle n'aura

garde de se faire attendre en vain, et je vous garantis son exactitude. A propos, je dois vous prévenir que Sainte-Agathe est jeune et belle, que c'est une dangereuse sirène, qui en veut plus à la bourse qu'au cœur, ainsi que ses pareilles. Or, tenez-vous sur vos gardes, mon cher, et tenez votre cœur surtout à deux mains.

— Mon ami, faire l'amour doit être une fort bonne et jolie chose, mais pour s'amuser à cette bagatelle il faut avoir du temps devant soi, et le but auquel je vise est si élevé, que pour l'atteindre je n'ai pas un seul moment à perdre.

— Décidément, Ferdinand, vous êtes d'une force mirobolante, et je vous prédis mon bonhomme que vous irez loin, très loin.

Ferdinand paya cette prédiction d'un gracieux sourire, tout en s'efforçant de le rendre le plus modeste possible.

Après avoir donné ce coup d'encensoir, Folleville ne tarda pas à prendre congé de Ferdinand pour se rendre chez madame de Sainte Agathe, qu'il trouva à sa toilette, en train de répandre sur ses joues les roses de la jeunesse, au moyen d'un petit tampon imbibé de rouge végétal, et qu'à la vue du visiteur elle s'empresa de cacher.

— Chère amie, ne te gêne pas, continue de te barbouillier à ton aise, cela m'est connu et très indifférent, du moment que ce n'est plus en ma faveur que tu te jouvences de la sorte. Ah! ça, réjouis-toi, mon ange, car je viens t'apprendre que je pense avoir trouvé ton homme aux trente mille francs.

— Vraiment! oh! comme tu es gentil, mon Adrien, fit la lorette en sautant au cou de Folleville qui la pria de se rasseoir pour lui parler de Ferdinand, et la prévenir qu'il l'attendait le soir, pour causer avec elle du mariage en question.

— J'irai à ce rendez-vous, cher ange, tu peux annoncer ma visite à ton ami, et si l'affaire réussit, c'est ensemble que nous croquerons le pot de vin, fit la lorette joyeuse.

— Écoute un conseil d'ami, ma petite Agathe; voilà que tu touches au déclin de la jeunesse, encore un très petit nombre d'années et les amants te tourneront le dos; or, si tu veux m'en croire et éviter, quand sera venu la quarantaine, d'être ce que deviennent tes pareilles, c'est-à-dire garde-malade, tireuse de cartes ou portière, conserve et place prudemment ces trente mille francs; alors, un avenir heureux et indépendant te sera assuré.

— Ton conseil est excellent, mon petit Adrien, et il pourra bien se faire que je ne l'oublie pas, répondit la dame d'un ton pensif et sérieux.

Comme Folleville, après avoir quitté Agathe, descendait l'escalier, il se rencontra face à face avec une grosse et élégante fille, amie de madame de Sainte-Agathe, ayant nom Armanda Papillard, dite madame de Montplaisir, ex-étudiante en droit, que nous rencontrâmes jadis à certain raout offert par Darbel à ses amis et amies, laquelle Armanda ayant dit adieu au Prado ainsi qu'à la Closerie des Lilas, avait passé les ponts pour venir habiter le quartier Bréda.

— Où allons-nous ainsi, ma divine, demanda Folleville en barrant le passage à la dodue lorette.

— Cette question! voir Sainte-Agathe, parbleu!

— Alors, inutile de continuer l'ascension, la belle n'étant pas chez elle.

— Ah! comme c'est embêtant, moi qui venais lui demander à déjeûner.

— En son lieu et place, ma toute belle, ne pourrai-je devenir votre amphytrion, offrit galamment le jeune homme que séduisait la rotondité de la fillette.

— Non pas, ça fâcherait Sainte-Agathe, qui est jalouse comme un rhinocéros.

— Calmez ce scrupule, ma déesse, car hier et d'un commun accord, nous nous sommes rendu notre mutuelle liberté ; or, passez sans scrupule ce joli bras sous le mien, et gagnons votre domicile, où nous déjeûnerons en paix et à l'abri des regards indiscrets.

Et Armanda, ne pouvant résister davantage, s'abandonna aux désirs de l'amoureux jeune homme, qui, cette fois encore, oubliait sa future et sa famille.

Il était neuf heures du soir, lorsque le domestique de Ferdinand pénétrait dans le cabinet, et annonçait à ce dernier madame de Sainte-Agathe. Ferdinand s'empressa de quitter son siége pour venir de l'air le plus gracieux, au-devant de la visiteuse, qu'il introduisit dans son cabinet et conduisit par la main au siége qui lui était destiné.

— Soyez la bien venu, charmante dame, et daignez excuser la liberté que j'ai prise en vous faisant venir chez moi, au lieu de me présenter chez vous; mais ainsi l'a désiré notre ami commun, M. Folleville.

— Ne vous excusez pas, et abordons la question. Vous voulez, m'a dit Adrien, vous marier à une fille belle, riche et de noblesse. Eh bien, j'ai votre affaire sous la main, quelque chose même qui surpassera vos espérances.

— En vérité ! mais voilà qui est superbe, fit Ferdinand, auquel ce début plaisait fort.

— Ça, mon bon, êtes-vous un homme rigide et scrupuleux sur certaines niaiseseries qu'on intitule chez les femmes, prémices, vertu, sagesse ?

— Je ne comprends pas positivement, abordez donc franchement la question, fit Ferdinand.

— Enfin, tenez-vous absolument à prendre pour épouse une fille toute neuve, une vestale qui n'ait pas laissé éteindre son feu?

— Ah! je comprends. Mais oui, j'y tiens et même beaucoup, s'écria Ferdinand en riant.

— Alors, mon bon, ma fillette n'est point votre affaire, n'en parlons plus; et cependant, c'est dommage, une orpheline avec trois cent mille francs de dot, une famille bien en cour et à même d'élever le mari de leur parente aux plus brillants emplois. Tous ces avantages mériteraient pourtant bien qu'on fermât les yeux sur l'erreur d'une jeune fille, qui a pour tuteur un duc millionnaire dont elle héritera un jour, reprit Sainte-Agathe en pesant sur chaque mot et tout en fixant un regard observateur sur le visage de Ferdinand.

— La pupille d'un duc, des parents bien en cour et à même de pousser par leur crédit... Diable ! voilà des compensations d'un certain poids. Voyons, belle dame, quel est l'heureux auteur du faux pas qu'a commis cette orpheline, et qu'est devenu le coupable fortuné ?

— Mort ! tué en duel de la propre main du tuteur de mon héroïne.

— Ah ! cet homme est mort ?

— Et enterré, fit Sainte-Agathe.

— Depuis quand la faute et le châtiment? interrogea Ferdinand.

— Il y a trois mois de cela.

— Diable, c'est bien neuf et sans garantie de résultat, sans doute ?

— Bah! détail sans conséquence que celui-là, et auquel un homme d'esprit, à même de devenir un jour conseiller d'Etat, consul, ambassadenr, que sais-je, ne doit pas s'arrêter.

— Elle est jolie, dites-vous ?

— Une Vénus, un amour, répliqua Sainte-Agathe.

— Mais elle aime peut-être encore son heureux séducteur?

— Est-ce qu'on aime les morts? d'ailleurs les défunts s'oublient vite.

— Eh bien, je ne dis pas non... Quand comptez-vous entamer l'affaire?

— Aussitôt, mon bon, que vous m'aurez signé certaine promesse.

— Je sais, Folleville m'en a parlé.

— Signez donc cet acte, et je me mets à l'œuvre aujourd'hui même, dit la lorette en présentant au jeune homme un papier timbré qu'elle venait de tirer de son sein, et que Ferdinand signa aussitôt après en avoir pris connaissance.

Le lendemain de cet entretien, Sainte-Agathe quittait sa demeure de grand matin pour se rendre rue Grenelle-Saint-Germain, où elle pénétra dans un riche et vaste hôtel.

— M. le duc est-il visible? s'informa-t-elle au suisse.

— Oui, madame.

Sur cette réponse, la jolie femme traversa une vaste cour, monta les marches d'un perron et chargea un valet de garde sous le péristyle, de l'annoncer.

— Bonjour, duc ! fit Sainte-Agathe d'un ton délibéré, en s'adressant à un homme d'une quarantaine d'année, qui la recevait dans une magnifique chambre à coucher.

— C'est toi, jolie coquine! quoi t'amène ici lorsque je t'ai défendu d'y remettre les pieds. Ignores-tu qu'une impure de ton espèce est capable de compromettre la réputation d'un saint, et que je tiens par-dessus tout à conserver la mienne intacte.

— Franchement, duc, j'ai bien connu des libertins de votre espèce, en ma vie, mais je n'en ai jamais rencontré d'aussi jésuite que vous, répliqua la lorette après s'être jetée sur un siége.

— Trêve de compliments, jolie drôlesse, et dis-moi vite ce qui t'amène, car je suis pressé, étant mandé chez le roi.

— Je viens vous dire que j'ai trouvé un

mari, à votre maîtresse, lequel s'engage à devenir l'éditeur responsable de votre poupon.

— Quel est ce misérable !

— Un jeune avocat en herbe, tout pétri d'ambition et riche de quinze à vingt mille livres de rente.

— Cet homme est bien lâche! n'importe, il me convient, et comme j'ai hâte de marier ma chère pupille, il faut presser la chose.

— Soit ! quand faudra-t-il vous adresser ledit jeune homme ?

— Je te le ferai savoir... A propos, connaît-il la position.

— Il la connait.

— Et s'est-il informé du père de l'enfant?

— Oui, du jeune séducteur, qui ayant abusé de l'innocence de votre pupille, sans vous en demander la permission, a été pourfendu par votre bonne lame de Tolède et envoyé en terre, il y a de çà trois mois.

— Très bien ! tu es une fille adroite, et si ce mariage se fait par ton entremise, j'ajouterai quelques mille francs à tout l'argent que tes beaux yeux et tes caresses m'ont déjà soutiré. Maintenant, aies soin d'entretenir l'avocaillon dans ces bonnes dispositions, promets-lui monts et merveilles, et à bientôt de mes nouvelles, fit le grand seigneur, tout en congédiant la lorette.

XVII

Le lendemain du jour où Ferdinand avait reçu la visite de madame de Sainte-Agathe, un personnage que le domestique venait de lui annoncer sous le nom d'Hamilton, pénétra dans le cabinet du jeune avocat, accompagné d'une dame, dont un voile épais cachait entièrement les traits.

— Puis-je savoir, monsieur, ce qui me procure l'honneur de votre visite, s'informa Ferdinand, après avoir fait asseoir les deux visiteurs.

— Monsieur, je me nomme Hamilton, négociant de la cité de Londres. En cours de grandes affaires avec les principales villes du continent, il me devient utile d'avoir dans chacune d'elles un homme d'affaires probe et intelligent pour soigner et défendre mes intérêts. Ayant eu l'avantage de vous entendre citer comme tel, je viens à vous plein de confiance, vous prier de vouloir bien m'accepter au nombre de vos clients, et me permettre de vous adresser mes lettres, lorsque l'occasion se présentera d'avoir recours à vos lumières ainsi qu'à vos bons offices.

— Monsieur Hamilton, croyez-moi tout à votre service, et veuillez recevoir mes sincères remerciements de la confiance dont vous daignez m'honorer?

— De quelle partie de la France êtes-vous, monsieur Brémond?

— De l'Orléanais, monsieur.

— Bon et beau pays, monsieur, fit l'anglais, j'y ai voyagé souvent.

— Je suis né dans un village nommé Lebreuil, situé non loin d'Orléans, et ma mère, qui l'habite, y possède quelques biens.

— C'est sans doute dans ce berceau de votre enfance que vous espérez choisir une compagne, car vous êtes garçon, m'a-t-on dit?

— Non, monsieur, non! et pourtant, il avait été question de m'unir à la fille d'un fermier de mon village, avec laquelle s'est écoulée une partie de mon enfance; mais j'ai entièrement renoncé à ce mariage.

— Alors, c'est que la jeune fille ne vous convient pas? reprit Hamilton Dawis.

— Oh! ce n'est qu'elle ne soit ni jolie ni sage, mais je suis avocat, au début de ma

carrière, un peu ambitieux peut-être, et
très empressé de faire mon chemin ; or,
en pareille circonstance, il me faut pour
compagne, choisir une jeune fille élevée
dans le monde et aux usages de la bonne
société, une femme, enfin, que je puisse
présenter sans craindre d'en rougir.

— Certainement, et je comprends
qu'une fille élevée au village n'est point
du tout ce qui vous convient. Et sans doute
que déjà vous avez jeté vos vues sur quelque belle et riche héritière ? ajouta l'anglais.

— S'il faut vous l'avouer, monsieur, il
se prépare en ce moment pour moi u
mariage aussi brillant qu'avantageux.

— Allons, je vous en fais mon sincère compliment, tout en plaignant votre ex-future campagnarde, que la nouvelle de votre riche union ne contentera peut-être pas.

— Ce qui prouvera une fois de plus aux parents, qu'il est imprudent et maladroit de former ainsi en perspective des alliances entre des enfants, dont plus tard le goût, la vocation, dérangent les beaux projets qu'ils se sont plû à bâtir.

— En effet! heureux, si celui qui le premier porte le marteau dans ce château en Espagne, bâti par l'union et l'amitié de deux familles, ne blesse pas dangereusement celui ou celle qui fondait son bonheur sur la solidité de l'édifice, dit Hamilton en se levant, ce qu'imita la dame silencieuse qui l'accompagnait.

— Monsieur, veuillez ne point oublier que je suis tout à vos ordres, reprit Ferdinand en accompagnant les deux personnages jusqu'à la porte de son appartement.

— Eh bien, Angélique, toi qui doutais de son inconstance, tu viens d'entendre ; qu'en dis-tu maintenant?

— Que cet homme ne m'aime pas et qu'il ne m'a jamais aimé, répondit la jeune fille, remontée dans la voiture qui l'avait amenée, et en levant son voile pour montrer à Hamilton Dawis des yeux baignés de larmes.

— Quoi, tu pleures enfant, comme si cet homme ingrat et sans cœur méritait d'être regretté.

— Je ne le regrette pas, car maintenant je le méprise et le chasse de mon cœur. Mon ami, il n'a rien moins fallu que le serment que je vous avais fait de ne point me faire reconnaître, de garder le silence, pour m'empêcher de jeter à la face de ce Ferdinand tout le mépris que sa conduite m'inspire.

Tout en discourant de la sorte, le père et la fille arrivèrent rue de la Paix, dans l'hôtel meublé où la veille ils étaient descendus, lors de leur arrivée à Paris.

— Comment diable ai-je été assez niais

pour rester durant huit grands jours avec cette grosse bête d'Armanda, et d'oublier auprès d'elle ma jolie et adorée cousine ? Quoi dire ! de quel prétexte colorer cette nouvelle et coupable absence.

Ainsi se disait Folleville en descendant la rue Bréda pour gagner son domicile, lorsqu'en passant devant la boutique d'un parfumeur, sur la vitrine duquel était exposée une étiquette portant ces mots : Poudre de riz pour blanchir la peau.

— Je suis sauvé ! voilà qui va me justifier à ravir, s'écria notre jeune homme en entrant aussitôt acheter une boîte de ladite poudre, qu'il emporta chez lui, afin de s'en couvrir le visage et les mains, pour ensuite sauter en voiture, et se faire conduire chez l'oncle Fromageo, qui, en l'apercevant tout pâle, se traînant avec peine, poussa un cri d'effroi, et s'empressa de lui prêter l'appui de son bras, pour le conduire à une chaise longue, sur laquelle Folleville s'installa douillettement, tout en poussant de plaintifs gémissements.

— Adrien, qu'as-tu ! que t'es-t-il arrivé, mon pauvre garçon ? s'inquiéta l'ex-confiseur avec empressement.

— Hélas, mon oncle, ne le devinez-vous pas à la pâleur de mes traits, à la faiblesse extrême qui fait de tout mon être un roseau flexible ?

— Je gagerais que tu viens d'être malade ! s'écria Fromageo.

— A la mort! depuis huit jours, cher oncle! oui, huit jours entre la vie et la mort, répondit Folleville d'une voix languissante.

— Malheureux enfant, qui ne nous a pas fait prévenir, qui pouvait mourir loin de sa famille, sans recevoir nos adieux !

— Mon oncle, je ne le pouvais pas, j'étais sans connaissance, et ce n'est que depuis hier que, la raison m'étant revenue, j'ai demandé à mon médecin la permission de venir auprès de vous chercher un soulagement à mes maux, ce que ne peut manquer d'opérer la présence et les soins de bons parents tels que vous, ainsi que la vue des charmes de ma gracieuse cousine.

— Oui, Adrien, oui, mon gendre, nous allons te soigner, te rendre la santé, et peut-être serais-tu déjà guéri par nos soins si tu avais eu la précaution de nous laisser ton adresse, parce qu'alors, en ne te voyant pas revenir, je me serais empressé d'aller m'informer de ce que tu devenais.

— Mon oncle, je vous l'écrirai aussitôt que les forces me le permettront, répliquait Folleville d'une voix faible, lorsqu'un coup de sonnette annonça le retour de la tante et de la fille, auxquelles s'empressa d'aller ouvrir l'ex-confiseur, afin de les prévenir de la présence d'Adrien et de leur apprendre qu'il venait d'être très dangéreusement malade.

A cette nouvelle fâcheuse, les deux bonnes âmes s'empressèrent de se rendre auprès du prétendu malade, dont l'extrême pâleur leur causa une frayeur extrême et, dont la voix douce et défaillante leur arracha même une larme d'attendrissement.

— Mon neveu, vous ne nous quitterez plus, nous allons vous soigner, vous dorloter, vous rendre la vie et la santé. Constance, descends vite à la cuisine dire à Flipotte de préparer une décoction de mauve pour ce cher malade, qui, ce soir, s'il se sent mieux, prendra un léger potage... Ah ! tu diras encore à Flipotte d'aller prier M. Tiretout, notre médecin, de venir le plus tôt possible visiter notre malade.

— Chère tante, au nom du ciel, pas de tisane, pas de médecin ; laissons agir seul la nature... Tenez, depuis je que suis ici, près de vous, je sens déjà que je suis mieux et même, que je dînerais avec appétit en votre aimable compagnie.

— Dîner ! dîner ! par exemple, pour te rendre encore plus malade, te tuer tout de suite, n'est-ce pas ? La diète, mon neveu, voilà ce qui convient à ta position, fit monsieur Fromageo, formule qu'à l'unanimité approuvèrent la mère et la fille, au grand mécontentement de Folleville qui ayant oublié de déjeûner, se sentait un appétit effroyable, et qui, malgré ses réclamations, fut contraint d'en passer par la prudente volonté de la famille, c'est-à-dire de jeûner jusqu'au soir, où, le médecin étant venu le visiter, et ne lui trouvant pas de fièvre, lui permit un bouillon coupé.

M. et madame Fromageo, s'étant retirés à neuf heures dans leur chambre à coucher, Constance, qui avait désiré veiller, était restée seule au salon, pièce qui précédait la chambre, dans laquelle on avait dressé le lit de Folleville ; la jeune fille, croyant que son cousin dormait, gardait un silence absolu et s'occupait d'une broderie, lorsqu'elle s'entendit appeler par le soi-disant malade que la faim torturait et tenait éveillé.

— Que désirez-vous, mon cousin ? répondit la jolie fille d'une voix doucereuse.

— Ma bien-aimée cousine, je suis affreusement blessé, reprit Adrien.

— Vous êtes blessé, mon cousin ! s'écria toute effrayée Constance en se levant précipitamment pour courir au lit du jeune homme, en oubliant qu'elle était toute seule avec lui.

— Oui, ma Constance chérie, blessé douloureusement.

— Où donc cela, mon cousin ?

— Dans mes plus chères affections, ma bien-aimée, en vous voyant vous tenir silencieuse et loin de moi qui souffre et pense à vous, dit Folleville en enlaçant de ses bras la jeune et crédule imprudente, qui dans son effroi s'était trop approchée de son lit.

— Mon Dieu, que vous m'avez donc fait peur, mon cousin, et maintenant que je sais que vous vous êtes moqué de moi, permettez que je retourne à ma place, celle d'une demoiselle n'étant pas près du lit d'un garçon, reprit Constance en essayant de se débarrasser de l'étreinte qui l'enchaînait.

— Pour vous, je ne suis pas un garçon, mais bien un mari, ma bien-aimée cousine, un mari qui implore la faveur d'un tout petit baiser.

— Quand je serai votre femme, volontiers, mais aujourd'hui, impossible,

— Constance, au nom du ciel, daigne exaucer le vœu d'un pauvre malade que ta rigueur désespère.

— Comment, voilà que vous vous permettez de me tutoyer à présent... Allons, lâchez-moi, monsieur... Mais, finissez-donc ! je vais appeler Flipotte qui est dans l'antichambre.

Ainsi disait la jolie fille, dont Folleville couvrait le visage de mille baisers amoureux, lorsque Flipotte, la servante, grosse fille jouflue, apparut dans la chambre, et par sa présence, força le jeune homme de lâcher prise, ce dont profita Constance pour se sauver et courir s'enfermer chez elle.

— Flipotte, que le diable vous emporte.

— Pourquoi donc ça, monsieur Folleville.

— Comment, lorsque par ruse je suis parvenu à attirer près de moi ma future pour l'embrasser de force, vous venez m'interrompre dans cette charmante occupation.

— Dame! monsieur, je ne savions pas et venions tout bonnement demander à not' jeune maîtresse la permission de nous coucher.

— Flipotte, il n'y a pour vous qu'un seul moyen de vous réconcilier avec moi, et de gagner un napoléon d'or.

— Quoi donc qui faut faire pour ça, monsieur? demanda la grosse fille en écarquillant ses gros yeux couleur faïence.

— C'est de me donner à manger.

— Neni, mes maîtres me l'avons défendu.

— Alors, je te maudis, car tu seras la cause de ma mort, et tu n'auras pas ton napoléon.

— Dame, si j'étions ben sûre que ça ne vous fassions pas de mal, fit la servante qui tenait par-dessus tout au napoléon.

— Cela, au contraire, ne peut me faire que beaucoup de bien.

— Alors, je courons vous chercher une aîle de poulet.

— Va, mon ange, deux même, si cela te plaît.

Flipotte s'éloigna pour courir à l'office, d'où elle rapporta au jeune homme un poulet froid, du pain et une bouteille de vin de Bordeaux, tout cela en échange d'une pièce d'or pour prix de son obligeance et du secret que lui recommanda Adrien.

Trois jours après, ces évènements, Hamilton Dawis et Angélique, qui avaient quitté Paris le lendemain de leur visite à Ferdinand, rentraient à la ferme de Renard, où ce dernier ainsi que Darbel, enchantés de leur retour, les accueillaient avec le transport de la joie la plus amicale.

— Eh bien, fillette, quelles nouvelles?

as-tu revu enfin cet amoureux qui te tient tant à cœur? Quand la noce?

— Père, ne te moques donc pas ainsi de de ta fille, oh! sans que nous ne t'ayons encore rien appris, tu en sais bien sûr autant que nous, toi qui es infaillible dans le jugement que tu portes sur les hommes et les choses, répliqua Angélique en souriant.

— Eh bien, fillette, je t'avouerai que cette fois, il peut bien se faire que ma perspicacité fasse fausse route, en te revoyant si guillerette, je me dis : il faut qu'elle ait été bien reçue là-bas par monsieur l'avocat Brémond, car s'il en était autrement, au lieu de cette mine radieuse nous verrions deux beaux grands yeux bien tristes qui n'oseraient nous regarder en face.

— Renard, Angélique enfant aussi sage que prudent, revient à vous le cœur libre, et joyeuse parce qu'elle a été à même de juger et d'apprécier l'homme pour lequel elle était assez faible de conserver sa foi. Renard, continua Hamilton, nous venons vous faire part du mariage de M. Ferdinand Brémond, avec une haute et puissante demoiselle ; lequel mariage sera très prochainement célébré, où? nous l'ignorons encore, mais dame Brémond la fermière tardera peu sans doute à vous en instruire.

— Ainsi, fillette, te voilà en disponibilité. Avis aux jeunes gens désireux d'épouser une fille sage et jolie, dit Renard en lâchant un coup d'œil à Darbel qui, assis dans un coin, écoutait sans mot dire, et répondit par un sourire imperceptible à l'avis indirect que lui adressait le fermier.

Hamilton Dawis, sur la demande de Renard, raconta dans tous ses détails, la manière dont Ferdinand l'avait reçu, répéta mot pour mot l'entretien qu'ils avaient eu ensemble, et termina sa narration en félicitant Angélique de la patience et du courage dont elle avait fait preuve, en contenant l'indignation que la conduite et les paroles de Ferdinand avaient soulevée dans son cœur. Huit jours après le retour d'Angélique, mylord Hamilton

Dawis, forcé de retourner à Londres, et qui se disposait à partir après avoir passé quatre mois à la ferme, auprès de sa fille chérie, fit appeler Darbel dans sa chambre, puis, après avoir fait asseoir le jeune homme à côté de lui :

— M. Darbel, lui dit-il, je vous ai fait prier de venir ici, parce que, avant de nous quitter pour peu de temps, je l'espère, je désirais m'entretenir un instant avec vous concernant le secret de votre cœur.

— Le secret de mon cœur, monsieur, quel est-il, s'il vous plaît? interrompit le jeune homme en souriant.

— Renard l'a deviné et me l'a révélé. Darbel, vous aimez Angélique.

— Oui, monsieur, d'un amour extrême et désintéressé, que jusqu'alors je m'étais vainement efforcé d'étouffer dans mon cœur, par respect pour celui que le sien renfermait en faveur de mon ami Ferdinand Brémond, répondit le jeune homme avec franchise.

— Et maintenant qu'Angélique a cessé d'aimer un ingrat indigne d'elle?...

— Maintenant, monsieur, je me sens moins malheureuse, quoique n'espérant rien encore.

— Darbel, espérez, faites-vous aimer d'Angélique, ce qui vous sera facile, car un cœur qui est libre, se livre aisément à celui qu'il estime, et le jour où ses lèvres vous diront : Je consens à devenir votre femme, Angélique vous appartiendra, tel est le désir de son père, de ses amis, qui tous ont deviné en vous un homme honnête et laborieux.

— Oh! merci, merci, monsieur! que je réussisse et je n'aurai plus rien à désirer au monde! s'écria Darbel ivre de joie; puis reprenant : Mais, monsieur, je ne dois pas vous cacher que dans mon orageuse jeunesse, ayant dissipé en folies le bien que m'avaient amassé mes vertueux parents à force de travail, aujourd'hui je ne possède pour tout bien qu'un simple revenu de douze cents livres, et mademoiselle Angélique sera riche un jour de la fortune du fermier Renard, son père.

— Que prétendez-vous conclure de tout cela? demanda le lord.

— Mon Dieu! qu'après avoir mûrement réfléchi, M. Renard pourra bien refuser sa fille riche, à l'homme qui ne possède rien.

— Vous jugez mal le père d'Angélique, mon jeune ami, car cet homme désintéressé et loyal place le courage et l'honneur beaucoup au-dessus de la fortune; or, que ce ne soit pas la médiocrité de votre avoir qui vous inquiète et vous arrête dans la douce tâche que je vous propose. Encore une fois, soyez aimé d'Angélique et elle est à vous, termina le seigneur en pressant la main de Darbel.

Dans la soirée qui suivit cet entretien,

Hamilton Dawis quitta la ferme accompagné de Renard, d'Angélique et de Darbel qui avaient désiré lui faire la conduite jusqu'à Orléans, où l'attendaient ses gens et ses équipages, où le lord se sépara d'eux les larmes aux yeux, après les avoir embrassé et fait la promesse de leur écrire souvent, en attendant l'instant heureux qui devait les réunir de nouveau.

Depuis le jour où il lui avait été dit : Fais-toi aimer et elle deviendra ta femme, Darbel n'avait cessé d'observer attentivement Angélique, d'étudier l'expression de ses yeux et jusqu'à son langage, afin de bien s'assurer si un nuage de tristesse en venant obscurcir l'éclat de ses beaux yeux, un soupir en s'exhalant péniblement de son sein ne viendraient pas, en trahissant la position du cœur de la jeune fille, lui fournir la pénible preuve qu'elle pensait encore à Ferdinand et regrettait sa perte. Mais, à sa grande satisfaction, Darbel ne découvrit rien de ce qu'il craignait, car avec un surcroit de fraîcheur répandu sur son gracieux visage, notre jeune homme n'y rencontra qu'une douce expression d'insouciance et de gaieté que trahissait le plus charmant sourire.

— Allons! l'instant est venu, je crois, de me mettre à l'œuvre. Dieu des amoureux, daigne m'être favorable ! s'était dit alors Darbel, qui, à partir de ce moment consacra tous les instants que lui laissaient les travaux de la ferme, à Angélique, dont il charmait les veillées par mille récits instructifs et joyeux, à laquelle il chantait et apprenait des romances, des chansonnettes et servait de lecteur, Darbel enfin, fit si bien, si bien! qu'il était devenu indispensable à notre jeune fille qui s'ennuyait à mourir lorsqu'il n'était plus auprès d'elle.

VIII

Ferdinand attendait environ depuis trois semaines la réalisation des promesses de madame de Sainte-Agathe, lorsqu'il reçut un matin une lettre ainsi conçue :

« M. le duc de Crosy prie M. Ferdinand

« Brémond de lui faire l'honneur d'assister
« à la fête de nuit qu'il offre à ses amis,
« dans son hôtel de la rue de Grenelle-
« Saint-Germain, mercredi 14 août 18... »

— Enfin ! soupira le jeune homme après avoir lu ; il va donc m'être permis de voir, d'admirer cette merveille de beauté et de puissance ! Cette victime de la séduction, dont je consens, en faveur de sa fortune et de son crédit, à réparer les erreurs et la réputation... C'est lâche de ma part, je dois me l'avouer en silence ; mais combien il sera glorieux l'instant où, moyennant quelques petits sacrifices d'amour-propre, je me verrais nommer à quelque poste éminent, mon nom devenir célèbre, populaire, et cité enfin au nombre des puissants du jour. Qui donc alors osera me reprocher une bassesse, m'insulter dans mon passé, lorsque je serais devenu le dispensateur du bien et du mal!... Non, non! point de faiblesse, de niais scrupules! à moi tout ce qui pourra me servir de marchepied, arrière tout ce qui m'arrêterait et tenterait de m'empêcher de parvenir au but que je me suis proposé d'atteindre. Qu'importe, à moi si elle doit servir à mon élévation, que cette fille ait été flétrie par les caresses d'un libertin! Que me fait qu'elle soit mère avant d'être épouse? Vienne cet enfant, et je m'en débarrasse en l'exilant au bout du monde, s'il le faut, afin de ne jamais en entendre parler! Allons, du courage, de la persévérance, Ferdinand Brémond; tu es jeune, instruit, déjà riche, marche donc hardiment, la tête haute, dans ce monde au milieu duquel cette lettre te convie.

Cette soirée tant désirée, attendue avec impatience, arriva enfin, et Ferdinand Brémond, vêtu avec une rare élégance, se présenta dans les somptueux salons déjà encombrés de monde du duc de Crosy.

Ce seigneur, auquel notre jeune avocat avait été annoncé, s'empressa de l'accueillir avec toute la bienveillance possible.

— Monsieur le duc, vous voyez devant vous un homme heureux et reconnaissant de l'honorable invitation que vous avez daigné lui adresser, fit Brémond en saluant profondément le duc.

— Monsieur Brémond, tout le plaisir et l'honneur sont pour moi qui, désormais, peux compter au nombre de mes amis un jeune légiste qui promet de se faire un grand nom dans le barreau par son intelligence, son esprit, et auquel je suis heureux d'offrir aujourd'hui ma protection et mon puissant crédit à la cour.

— En vérité, monsieur le duc, vous me voyez confus de tant de bienveillance de votre part, en faveur d'un obscur débutant.

— Bien, bien! laissez-moi faire, mon jeune ami, et vous me remercierez après. Maintenant, permettez-moi de vous présenter à ma jeune pupille, mademoiselle Flora Dartigue, fille de ma défunte sœur;

jeune fille aimant beaucoup la danse, et que je vous prie de ne pas oublier cette nuit, ajouta le seigneur en passant familièrement son bras sous celui de Ferdinand et le conduire, à travers la foule qui s'ouvrait devant eux pour leur livrer passage, dans un petit salon bleu où se trouvait ladite pupille, au milieu d'un cercle de dames et de jeunes filles.

— Flora, je te présente, en M. Ferdinand Brémond, avocat, un de mes meilleurs amis, pour lequel je sollicite ta bienveillante amitié, fit le duc.

La Sainte-Agathe, en dépeignant Flora comme une très jolie personne, n'avait pas trompé Ferdinand.

La jeune fille était en effet un assemblage de grâces et de charmes, une beauté accomplie dont tous les traits du visage, d'une pureté de lignes d'une régularité remarquable, ressortaient finement deliés sur une peau lisse et blanche comme une feuille de camélia. Une forêt de cheveux d'un beau blond cendré couronnait son front pur et blanc en encadrant ses tempes d'épais bandeaux.

La jeune fille se leva pour adresser un salut poli au jeune homme, tout en fixant sur lui ses beaux grands yeux noirs aux cils soyeux et remplis d'une expression triste et langoureuse.

— Monsieur, fit-elle d'une voix douce, soyez le bienvenu chez mon tuteur.

— Merci, mademoiselle, de ces gracieuses paroles, et croyez que je ferai tous mes efforts pour légitimer ce qu'elles ont de bienveillant pour moi, répondit Ferdinand en fixant sur Flora un regard rempli d'admiration.

Notre jeune homme, après avoir sollicité et obtenu de la jeune fille l'honneur d'un quadrille, s'éloigna pour rentrer dans les salons où s'agitait une société nombreuse, toute composée de gens de la plus haute distinction, des hommes chamarrés de rubans, de décorations françaises et étrangères, des femmes belles, parées d'étoffes précieuses, de diamants, de perles et de fleurs.

— Voilà le monde qu'il me faut, celui que j'ai sans cesse rêvé, parmi lequel je veux vivre désormais ; non comme aujourd'hui, en personnage obscur, ignoré, passant inaperçu, mais comme un homme qui aura su se faire un nom, acquérir une position importante, des titres au respect et à la considération.

Ainsi pensait Ferdinand en se promenant dans la foule, coudoyé à droite et à gauche par ce monde brillant dont il enviait la position.

A un signal donné par l'orchestre, notre jeune ambitieux s'empressa d'aller offrir sa main à Flora qu'il trouvait belle à ravir, mais chez laquelle il ne rencontrait pas cet enjouement, cette gaieté si naturels aux jeunes filles de son âge.

— Allons, allons ! n'exigeons pas l'impossible; je comprends que la position dans laquelle se trouve la belle enfant, doit lui donner à réfléchir et la rendre sérieuse; ce qui me prouve que la pauvre petite a du cœur, pensait Ferdinand en entendant Flora ne répondre que par des paroles brèves, de rares et faibles sourires aux propos galants qu'il lui adressait : conduite froide, réservée, dont elle ne s'écartait à l'égard de personne.

Sur les trois heures du matin, et comme la foule commençait à s'éclaircir, le duc, qui toute la nuit avait été rempli d'égards et d'intentions pour Ferdinand, s'approcha de ce dernier, et après l'avoir pris à l'écart :

— Mon jeune ami, lui dit-il, je connais

vos intentions, et comme nous avons beaucoup à causer ensemble, qu'il s'agit de conclure une affaire que nous avons à traiter le plus promptement possible, venez sans faute, me voir après-demain ; je vous attendrai pour déjeûner. Surtout, soyez exact.

— Comptez sur mon exactitude, monsieur le duc.

— Ainsi, ma pupille vous plaît, du moins au physique, n'est-ce pas ?

— Je la trouve adorable, monsieur.

— Alors, que sera-ce donc quand vous aurez été à même d'apprécier son charmant caractère ? reprit le seigneur.

— Mais, monsieur le duc, il ne suffit pas

que cette demoiselle me plaise, il faut encore qu'il en soit de même de son côté.

— Sambleu! il faudrait qu'elle fût terriblement difficile pour ne pas vous trouver de son goût. Mais je me charge de la bien disposer en votre faveur; ensuite, Flora est une fille docile; or, espérez, mon cher, espérez!

Cet entretien fut interrompu par la présence de plusieurs personnes qui, voulant se retirer, venaient prendre congé du duc de Crosy.

Le lendemain de cette fête brillante, et dans la matinée, le duc s'informa à la femme de chambre de Flora si sa maîtresse était levée et pouvait le recevoir;

sur la réponse affirmative de la chambrière, le duc se dirigea vers l'appartement de la jeune fille, lequel était situé au deuxième étage de l'hôtel.

— Bonjour, Flora. Comment se fait-il qu'après la fatigue d'une nuit de bal et de plaisir, tu sois déjà debout ? demanda le duc tout en entourant la taille de la jeune fille de son bras, pour ensuite déposer un baiser sur ses lèvres.

— Laissez-moi, Alphonse, je suis fâchée contre vous, fit Flora en cherchant à se dégager.

— Fâchée ! Pourquoi cette rigueur, ma toute belle ?

— Cette nuit vous ne m'avez pas fait

danser une seule fois, et même c'est à peine si vous avez daigné faire attention à moi, que tous vos invités s'empressaient de courtiser, indifférence de votre part qui a fait que j'étais d'une humeur massacrante.

— En effet, je m'en suis aperçu, ma chère Flora, à la mine renfrognée qui te rendait presque laide.

— C'est cela, raillez-moi Alphonse; vous ne m'aimez plus.

— Quelle idée !... Ça, laissons ces futilités enfantines et causons sérieusement, dit le duc en conduisant Flora sur un tête-à-tête où il se plaça à côté d'elle.

— Sérieusement ! Et pourquoi, dit la

jeune fille; avez-vous donc à m'entretenir de votre diplomatie ou d'intérêts pécuniaires?

— J'ai à te demander d'abord comment tu trouves ce jeune homme, ce M. Ferdinand Brémond que je t'ai présenté cette nuit?

— Passable, fit froidement Flora.

— Seulement passable?

— Pourquoi cette demande sur le plus ou moins bien d'un homme qui m'est indifférent? reprit la jeune fille avec humeur.

— Parce que je veux te marier le plus tôt possible, et que ce jeune homme est le mari que je te destine.

— Me marier ! plaisantez-vous ; moi, votre maîtresse, moi, enceinte de vos œuvres? fit Flora surprise et indignée.

— Flora, ne faisons pas du drame, n'ayant point de temps à perdre en grandes phrases ni larmoiement, soyons, s'il se peut, raisonnables tous deux, car notre position est des plus critiques... Écoute, Flora : nous avons commis une grande faute, toi, en cédant à ma séduction, à mes amoureux et coupables désirs ; moi, ton oncle et ton tuteur, en oubliant que tu étais une orpheline confiée à la garde de mon honneur ; enfin, en devenant ton séducteur, lorsque je n'aurais dû être pour toi qu'un père et un protecteur, Flora, je me suis rendu infâme, méprisa-

ble, d'autant plus qu'il m'est impossible
de réparer mon crime, de te rendre l'honneur en te donnant mon nom, puisque je
suis marié, époux d'une femme adultère
que j'ai chassée de ma maison...

— Eh bien donc, quoi s'oppose, mon Alphonse, à ce que je demeure ton amie? à
ce que nous restions auprès l'un de l'autre,
en dissimulant l'amour qui unit nos deux
cœurs? demanda Flora les yeux mouillés
de larmes, et en entourant de ses bras le
cou de son amant.

— Hélas! tel serait mon désir, cher
ange; mais ce bonheur ne m'est point
permis. Oublies-tu que le frère de feu ton
père, et ton subrogé-tuteur, homme de

mœurs austères, d'une sévérité implacable, va quitter l'Angleterre, qu'il habite depuis un an, pour venir se fixer à Paris auprès de nous, et qu'il amène avec lui le mari qu'il te destine ; que cet oncle aime en toi la fille de son frère comme si elle était la sienne propre... Flora, cet homme est l'ami du roi Louis-Philippe, cet homme est mon ennemi, cet homme, s'il apprend jamais que je t'ai séduite, que tu portes dans ton sein le fruit de ma séduction, de nos amours, il me perdra, me couvrira de honte et d'infamie ! Flora, si cet odieux avenir doit être le mien, je n'hésiterai point à me brûler la cervelle.

— O ciel ! quelle horrible menace ! Mon Dieu, que faire pour éviter cet affreux malheur? s'écria la jeune fille éplorée.

— Il faut te marier, Flora, épouser ce Ferdinand Brémond ; il est jeune, agréable, riche ; il connaît ta position, qu'il attribue à un viol audacieux, dont le coupable auteur a reçu le châtiment de ma propre main, il t'excuse ; il t'aime, il reconnaîtra ton enfant. Flora, consens à cette union, à me sauver l'honneur et la vie.

— Hélas! mais je ne connais pas cet homme, et c'est toi seul que j'aime, mon Alphonse, toi seul duquel je serai fière d'être la femme!

— Pas de vœu impossible, Flora! Réfléchis que le comte d'Artigue sera ici dans un mois, et qu'à cette époque il te sera impossible de dissimuler ta grossesse.

Accepte, Flora, marie-toi, et tu nous sauves ensemble!

— Non, non, cela est impossible!

— Impossible, dis-tu? Eh bien! c'est l'arrêt de ma mort que tu viens de prononcer... Flora, quelques jours encore et j'aurai cessé de vivre, reprit le duc avec tristesse et en voilant son visage de ses deux mains.

— Mourir! oh non! vis; je me soumets pour conserver tes jours, car si l'un de nous doit cesser d'exister bientôt, ce sera moi, mon Alphonse, moi que le sort condamne à me séparer de toi, à devenir la femme d'un homme que je n'aime pas et qui doit être un cœur lâche, intéressé, pour consentir à faire sa femme d'une fille déshonorée.

— Flora, ce Ferdinand n'est ni un lâche, ni un cupide, mais un homme qui t'aime, en qui l'extrême amour que tes charmes lui ont inspiré, a conçu la généreuse pensée de te rendre le repos, l'honneur, de donner un père à ton enfant. Est-ce donc là le fait d'un homme sans cœur? Flora, ne peux-tu te marier, sans pour cela que nous cessions de nous aimer? toi qui m'est plus chère que la vie... Allons, dis-moi encore que tu acceptes ce mariage, que ton cœur généreux consent, par ce sacrifice, à sauver l'honneur de tous deux... Réfléchis, ma Flora, que le comte d'Artigue, ton oncle, peut arriver d'un moment à l'autre et vouloir t'imposer un mari de son choix, et qu'alors nous serions perdus?

— Je t'ai dit, Alphonse, que je me soumettais à l'affreuse nécessité que m'impose notre faute, et quand bien même ce mariage devrait devenir mon tombeau, je l'accepte comme sauvegarde de ton honneur, de ta dignité.

— Ah, merci, merci, Flora! âme généreuse et bonne, merci! s'écria le duc en embrassant la jeune fille.

Un quart d'heure encore de cet entretien, et le seigneur quitta Flora pour rentrer dans ses appartements, le sourire sur les lèvres et tout en murmurant :

— C'est heureux qu'elle se soit décidée; j'avais une peur du diable qu'elle ne s'obstinât à refuser ce mariage. Ces petites filles c'est tenace en amour et d'un égoïsme outré... Que ce mariage se fasse, et n'ayant plus rien à craindre de l'oncle croquemitaine, ni pour mon crédit, je saurai alors mettre une sourdine à ces expansions, à ces transports d'amour qui me fatiguent et m'ennuient à mourir. Pauvre enfant, qui se figure qu'un homme comme moi peut être amoureux à perpétuité de la même femme; moi, homme de plaisir à qui la vertu, la constance ont toujours causé une peur effroyable. Quelle innocente bonne foi. Décidément la justice a eu tort de confier la garde d'une jolie fille à un gibier du diable de mon espèce.

Le lendemain de cet entretien du duc de Crosy avec Flora d'Artigue, Ferdinand, exact au rendez-vous, se présenta souriant et pimpant chez le grand seigneur, qui l'accueillit de la manière la plus affable et le conduisit dans le petit salon bleu où le jeune homme avait été présenté à Flora la nuit du bal.

— Asseyons-nous, mon jeune ami, et causons d'affaires avant de nous mettre à table. Ainsi, ma jeune pupille vous convient et vous désirez devenir son époux, m'avez-vous dit?

— Cet hymen, monsieur le duc, serait pour moi un grand honneur et le comble de mes vœux, répondit Ferdinand.

— Fort bien! Flora, en devenant votre femme, vous apporte cinq cent mille francs en dot et de magnifiques espérances, en qualité d'unique parente et héritière du comte d'Artigue, son oncle...

— Monsieur le duc, la possession de mademoiselle Flora suffit seule à mon ambition, fit hypocritement Ferdinand.

— Bien! Je comprends que la possession d'une jeune et jolie femme, issue d'une haute, riche et puissante maison, flatte l'amour-propre d'un jeune homme, mais ladite possession n'en est que plus précieuse et plus chère à notre cœur lorsque la fortune l'accompagne... Monsieur Brémond, je compte faire plus encore. Ça, dites-moi si des lettres de noblesse que je solliciterais de la bienveillance du roi, en faveur du mari de Flora d'Artigue, ma nièce, vous seraient agréables?

— N'en doutez pas, monsieur ! dit vivement Ferdinand.

— Alors, nous vous ferons baron pour commencer, mon cher, et lorsque nous aurons obtenu pour vous quelque poste éminent, nous nous occuperons de vous faire comte ou marquis.

— En vérité, monsieur le duc, tant de bienveillance me confond, et je ne sais de quels termes me servir pour vous exprimer toute ma reconnaissance.

— Parbleu, il n'est qu'un moyen de me convaincre, c'est de me promettre de rendre ma nièce heureuse; que vous honorerez de votre nom le pauvre enfant que le viol a placé dans son sein, et que jamais vous ne reprocherez sa naissance à sa malheureuse et innocente mère.

— Je vous le jure, monsieur le duc !

— Merci, mon jeune ami. Maintenant, il ne me reste plus qu'à vous prier de ne point vous alarmer de la tristesse de Flora, ni de la froideur qu'elle pourrait vous témoigner avant votre mariage, mais d'attribuer tout simplement ces choses à la honte, à la timidité que doit nécessairement occasionner à cette jeune fille la position délicate dans laquelle elle est placée.

— Je comprends, monsieur le duc, et c'est à force d'égards, d'amour et de soins délicats que je me propose de gagner l'estime et la confiance de celle dont vous daignez me confier le bonheur.

— Oh! Flora finira par vous aimer autant pour vos qualités personnelles que que par reconnaissance... Cher oncle, me disait-elle ce matin, que M. Ferdinand attende tout de mon amitié, car l'homme généreux auquel je serai redevable de l'honneur et de la considération du monde, trouvera en moi une femme aimante et dévouée.

— Vous me ravissez, monsieur, et par cette douce assurance me faites désirer de plus en plus l'instant heureux de ce mariage.

— Que nous célébrerons dans peu de

jours, sans bruit, accompagnés de quelques amis dévoués, ainsi que l'exige la position de Flora.

— Je me soumets d'avance, monsieur le duc, à tout ce que m'imposera votre prudente volonté, répondit Ferdinand.

— Maintenant, venez saluer votre prétendue et nous mettre ensuite à table.

Le duc ayant dit, emmena Ferdinand à travers une foule d'appartements, puis ouvrit une porte.

Alors, le céleste et pâle visage de Flora apparut aux regards de Ferdinand comme une vision céleste; la jeune fille s'inclina avec froideur devant le salut que lui adressait le jeune homme.

—Ma chère enfant, permets-moi de te présenter M. Brémond qui vient de me réitérer la demande de ta main et serait heureux de t'entendre confirmer la promesse que je lui ai faite, après en avoir reçu l'autorisation de ta bouche, fit le duc en appuyant sur ces derniers mots.

— Oui, mademoiselle, monsieur votre oncle a daigné me faire espérer votre possession. Mais je n'oserai croire à ce suprême bonheur que lorsque vos lèvres divines auront daigné me le confirmer, dit Ferdinand d'une voix douce et timide.

— Monsieur, j'obéirai aux volontés de mon tuteur, tel est mon devoir ; le vôtre, monsieur, pour qui ma malheureuse position n'est plus un secret, est de réfléchir sérieusement avant de vous enchaîner à moi, afin que votre bouche ne puisse jamais m'adresser un reproche qui me rappelle une faute... involontaire, répliqua Flora d'un ton sérieux.

— Votre enfant sera le mien, mademoiselle; je n'ai que ces mots à répondre afin d'éloigner les doutes, la crainte, qui pourraient vous faire douter de mes délicates intentions à votre égard et retarder une union dans l'accomplissement de laquelle je place le bonheur de toute ma vie.

— Voilà ce qui s'appelle répondre en galant homme, fit gaiement le duc en plaçant la main de Flora dans celle de Ferdinand. Maintenant, allons déjeûner, ajouta-t-il.

IX

Après quatre jours de semblant de maladie, d'une cour assidue faite à sa cousine, éprouvant l'extrême besoin de se soustraire à cette atmosphère de famille, de dorlotage, de petits soins, Folleville s'avoua entièrement rétabli et manifesta le besoin de se rendre à son domicile, où devraient l'attendre des lettres importantes, que son chargé d'affaires devait lui avoir adressées d'Orléans, concernant la vente de plusieurs terrains dont il voulait se défaire, ainsi que d'une maison de ville, son intention étant de se fixer à Paris auprès des excellents auteurs des jours de sa chère petite femme.

— Allez, mon gendre, et surtout, cher enfant, prenez garde que, cette fois encore, en vous séparant de nous, il ne vous arrive quelque malheur, fit madame Fromageo.

— Et surtout, mon cousin, faites en sorte de revenir avant un mois.

— Constance, âme de ma vie, ce que

vous me décochez là, en souriant avec malice, n'est rien moins que généreux : comme si tout ce qui m'est arrivé était de ma faute; comme si je pouvais être heureux sans vous voir, loin de vous? Chère petite femme, demain, au lever de l'aurore, je jure d'être à vos genoux.

— Mon neveu, je te préviens que ce serait beaucoup trop tôt, vu que nous ne nous levons qu'à huit heures ; seulement, sois ici pour l'heure du déjeûner, et nous serons très satisfait, fit l'ex-confiseur en train de confectionner un gloria, car c'était à la suite du dîner que Folleville avait fait part de l'absence qu'il projetait, et qu'il prit congé de la famille pour s'élancer dans la rue.

— A quoi diable employer ma soirée ? Si j'allais faire une visite à Brémond ?... Ma foi, non ; il ne sait parler que de lui et de ses projets... A mon ex-maîtresse, madame de Sainte-Agathe ?... Je n'aurais qu'à y rencontrer mon successeur... cela me vexerait..... A cette grosse Armanda de Montplaisir ?... pas davantage ; elle est trop bête... Allons au spectacle entendre la cabale rappeler MM. Laferrière ou Mélingue, ça m'amusera... Au théâtre du Palais-Royal ?... Fi donc ! on n'y donne que de mauvaises pièces représentées par de vieux et grotesques comédiens, théâtre ignoble, où le mari doit rougir d'y conduire sa femme, où la mère rougirait d'y conduire sa fille. Alors, je me décide pour... pour... les Funambules, rendez-vous de la fleuriste, de la modiste et autres artistes réputées pour la faiblesse de leur cœur et la solidité de leur travail. Ce parti pris, Folleville s'élança dans un omnibus pour se faire conduire au boulevart du Temple, où il prit un billet au bureau dudit théâtre.

Le devant de la loge où se plaça notre jeune homme était occupé par deux jeunes filles rieuses et causeuses, jolies toutes deux et d'une mise gracieuse quoique simple.

— Fichtre ! la belle occasion. Décidément, j'ai bien fait de venir ici, pensa Folleville après avoir vu les deux minois éveillés qui s'étaient retournés pour l'examiner lors de son entrée dans la loge. Il ne fallut pas grand temps au jeune et adroit Folleville pour entamer la conversation avec ses deux voisines, et apprendre qu'elles étaient, l'une fleuriste et l'autre couturière, travaillant chacune à leur compte, vivant seules dans leurs petites chambrettes situées dans la même maison et sur le même carré. Ainsi instruit, Folleville, à qui les deux jeunes filles semblaient égales en gentillesses, se demanda à laquelle des deux il devait s'attacher et faire sa cour, et finit par se décider à les courtiser l'une et l'autre. Ce fut sans difficulté aucune que notre fleuriste blonde, et notre couturière brune acceptèrent les oranges, les sucreries et même les rafraîchissements que le galant Folleville s'était empressé de faire venir et de leur offrir. Vint la fin du spectacle auquel nos trois personnages, très occupés de causer entre eux, avaient prêté fort peu d'attention, et ce fut alors que le jeune homme offrit une voiture pour reconduire les demoiselles à leur domicile, situé rue des Tournelles, au Marais.

— Clara, devons-nous accepter? demanda la fleuriste.

— Pourquoi pas, Adrienne? monsieur me fait l'effet d'un jeune homme fort honnête et incapable de nous manquer de respect, répondit Clara la couturière.

Sur ce consentement mutuel, nos trois personnages montent en voiture, et, tout en roulant, Folleville, qui se félicite d'une aussi agréable rencontre, qui lui a procuré le bonheur de faire connaissance avec

deux charmantes personnes, sollicite la
faveur de la cultiver et la permission d'aller présenter ses hommages à ces demoiselles, faveur qui fut accordée de la meilleure grâce possible, mais à la condition
que ses visites ne s'effectueraient que de
neuf heures du matin à une heure de l'après-midi, ou de quatre heures jusqu'à six
du soir, afin de lui éviter le désagrément
de se rencontrer avec des père et mère,
gens très susceptibles et moralistes, qui ne
manqueraient pas de se formaliser s'ils
rencontraient un jeune homme chez elles.
Folleville, lui-même, fort peu soucieux
d'une pareille rencontre, accepta sans difficulté les heures indiquées, et prit congé
des deux grisettes après les avoir déposées
à leur porte et annoncé sa visite pour le

lendemain matin. Adrienne et Clara, réunies un instant après dans l'une de leur petite chambre, se mirent à jaboter sur les évènements de la soirée.

— Ce jeune homme est fort bien, disait la fleuriste.

— Oui, très comme il faut, et surtout très riche, répondit la couturière.

— A laquelle de nous deux faisait-il la cour? L'as-tu deviné, Clara?

— A moi.

— Je crois pourtant que c'est moi qu'il préfère.

— Est-ce que tu pourrais être sa maîtresse puisque tu as déjà un amant? Que dirait ton Théodore, lui qui est jaloux comme un léopard?

— Et toi, n'as-tu pas ton petit Polyte, le clerc de l'avoué d'en bas?

— Eh bien! ne suis-je pas libre de lui donner son congé, à ce gamin toujours sans le sou, au point que, le dimanche, c'est moi qui suis forcée de payer la bière qu'il m'offre à la promenade.

— Ce serait justice d'envoyer promener un pareil râpé; mais je te préviens qu'il n'est pas homme à lâcher prise aussi facilement, et que, s'il apprend que tu veux le quitter pour un autre, il pourra bien te malmener.

— C'est ce qu'on verrait. Au surplus, je suis certaine que ton Théodore n'agirait pas moins brutalement, lui, un faubourien, un ébéniste. Fi ! de quel mauvais goût tu as fait preuve en prenant un pareil homme !

— Ne fais donc pas tant la dégoûtée, ma chère, car Théodore me fait de temps à autre des petits cadeaux, tandis que ton petit clerc de procureur te gruge passablement.

— Ce qui me décide à l'envoyer promener et à accepter le cœur du jeune homme de ce soir.

— Si c'est toi qu'il préfère. Mais, malheureusement ma chère, les regards qu'il m'a lancés à la dérobée me confirment dans l'opinion que c'est à moi qu'il donne la pomme.

— Eh bien ! avise-toi de l'écouter, et je préviens ton ébéniste.

— Fais de même, et j'avertis ton clerc.

— Je me fiche de tes menaces !

— Moi des tiennes !

— C'est ce que nous verrons.

— Je te souffleterai !

— Moi, je t'arracherai les yeux.

— Va-t'en de chez moi et n'y remets jamais les pieds.

— Ni toi les tiens dans ma chambre.

Et les deux grisettes, rouges de colère, se séparèrent la menace à la bouche en se montrant les poings ; mais, seules chez elles, toutes deux se mirent à griffonner quelques lignes en forme de lettre, que le lendemain, chacune de leur côté, elles chargèrent des commissionnaires de porter à leur adresse.

Dix heures de la matinée sonnaient, comme, ce même matin, Folleville, plein d'un espoir amoureux, gravissait, le sourire sur les lèvres, les sept étages qui devaient le conduire à Cythère, autrement dire dans les mansardes des deux grisettes, pour aller frapper à la porte d'Adrienne la fleuriste, que celle-ci venait de lui ouvrir, lorsque, de la porte située en face, sortit Clara la couturière, l'œil en feu, pour le saisir par le pan de son habit, comme il se disposait à entrer chez Adrienne.

— Monsieur, n'entrez pas chez cette fille, dont l'amant, qui ne peut tarder à venir, vous ferait un mauvais parti.

— Monsieur, n'écoutez pas cette effrontée, fit Adrienne, car son amoureux, que j'ai fait avertir, est un mauvais drôle qui vous cherchera querelle.

— Venez chez moi !

— Non, chez moi ! disaient tour à tour les deux jeunes filles en se disputant Folleville, que l'une et l'autre tiraient chacune de leur côté par son habit, dont les basques finirent par leur rester dans les mains.

— Mais si vous continuez à me tirailler de la sorte, mesdemoiselles, vous allez me réduire au simple appareil de notre père Adam, lorsqu'il habitait le paradis terrestre, s'écriait Folleville en cherchant à protéger le reste de ses vêtements.

A ce moment apparurent deux hommes dans le corridor, tous deux armés de canne et d'un œil menaçant.

A leur vue, les grisettes s'empressèrent de lâcher Folleville et de rentrer chacune dans leur chambre, dont elles refermèrent les portes vivement, laissant le pauvre Adrien sur le carré.

— C'est donc vous, jeune homme, qui venez pour nous souffler nos particulières? demanda l'un des deux hommes, grand gaillard à l'air crâne et tapageur, le chapeau sur l'oreille, et en toisant Folleville de la tête aux pieds.

— Vous qui voulez confisquer mon objet à votre profit? dit à son tour le petit clerc, en se dressant sur la pointe des pieds afin de se donner un air plus formidable.

— J'ignorais que ces deux jeunes filles fussent vos maitresses, messieurs, et comme elles me plaisent, je vous avoue franchement et sans peur que je suis venu ici pour courtiser l'une d'elles, mais que la manière dont elles viennent de se comporter à mon égard m'a entièrement guéri de ce caprice. Maintenant, qu'exigez-vous de moi? répondit Folleville bravement en se plaçant devant les deux amants, à qui ce ton fier et sans peur commença par en imposer.

— Nous voulons que vous nous rendiez raison de votre insolente prétention, reprit le petit clerc.

— En vérité! Sans doute en m'assommant lâchement avec ces cannes que vous agitez dans vos mains?

— Mais oui, quelque peu, fit l'ébéniste.

— J'ai pour habitude, messieurs, de ne me battre jamais qu'à l'épée ou au pistolet, avec des gens polis mais non de votre genre, vous qui m'attaquez à l'improviste, ainsi que le feraient des malfaiteurs dans un bois. Voilà comme je m'y prends, répliqua Folleville, en envoyant d'un violent coup de poing le petit clerc rouler à terre, pour aussitôt s'emparer de la canne qu'il avait lâchée dans sa chute, pour en frapper à grands coups l'ébéniste qui, étourdi et à moitié assommé avant qu'il eût eu le temps de se mettre en garde, alla rouler sans connaissance sur le carreau, à la place même que venait de quitter le clerc d'avoué, pour se sauver à toutes jambes.

Cet exploit achevé, Folleville, laissant le vaincu se remettre de son étourdissement, s'éloigna, descendit l'escalier et envoya le concierge lui chercher une voiture dans laquelle il regagna son domicile afin de changer d'habits, pour ensuite se remettre en route en l'intention de se rendre chez les Fromageo, en passant par les Tuileries, pour respirer le grand air. Folleville traversait d'un pas lent le quinconce des marronniers, situé du côté de la rue de Rivoli, lorsque son regard observateur avisa une jeune dame qui lisait attentivement un roman, assise sur une chaise et le dos appuyé contre un arbre. L'occasion était tentante pour un coureur de femmes ;

aussi, notre jeune homme fut-il sans hésiter se placer sur l'une des chaises inoccupées qui entouraient la belle lectrice, laquelle, après avoir jeté un regard sur Folleville, le reporta aussitôt sur son livre.

— Pardon, madame, je prendrai la liberté de vous demander si vous ne seriez pas madame la marquise d'Arvelle? expédient dont se servait le jeune homme pour entamer l'entretien qu'il désirait.

— Non, monsieur, je ne suis pas cette personne et n'ai même pas l'honneur d'être marquise, répondit gracieusement la dame.

— Pardon de mon erreur, madame, et

d'avoir interrompu votre lecture; mais en grâce comme en beauté, vous ressemblez tellement à cette dame que j'ai pu vous prendre pour elle.

— Je vous pardonne, monsieur, surtout en faveur de tout ce que la comparaison a de flatteur, dit en riant la jolie femme.

— L'assiduité que vous mettez à votre lecture, madame, est une preuve que l'ouvrage vous intéresse beaucoup.

— C'est une œuvre de Frédéric Soulié, monsieur : *Les mémoires d'une jeune femme*.

— Ouvrage fort intéressant, en effet, et quelque peu dangereux pour le mari qui en permet la lecture à sa femme. Madame est peut-être mariée?

— Vous êtes curieux, à ce que je crois m'apercevoir.

— Beaucoup, sur le compte d'une jolie femme qui m'intéresse, et vous êtes de ce nombre, madame.

— Alors, monsieur, vous vous intéressez ainsi à première vue, aux gens que vous ne connaissez pas?

— Madame, tel est l'empire qu'une jolie femme exerce sur mon cœur impressionnable et indépendant, car je suis garçon.

— Et moi veuve, afin de vous satisfaire.

— Veuve et libre, madame?

— Veuve et sous la dépendance d'un oncle très sévère, répondit en riant la dame.

— Ainsi, madame, si un jeune homme tel que moi, épris de vos charmes et vous suposant les plus rares qualités, sollicitait de votre extrême bienveillance l'honneur de se présenter chez vous...

— Je le lui refuserais, monsieur.

— Même au risque de lui plonger dans le cœur le regret le plus vif?

— Quand même! répondit la dame en se levant pour saluer Folleville et s'éloigner ensuite.

— Un instant belle dame, celle qui lit les mémoires d'une jeune femme, et a pour protecteur un oncle qu'elle redoute de fâcher en recevant chez elle un autre homme, ne peut être, ni une vertu rigide ni un cœur inséduisable. Or, je vais donc me donner la peine de vous suivre et nous verrons ensuite.

Ainsi se disait Folleville en se levant pour marcher sur les traces de la jolie femme, laquelle prit le chemin de la rue Castiglionne, traversa la place Vendôme, et atteignit la rue Neuves-des-Capucines, où elle entra dans une maison de belle apparence.

— Concierge, cette dame en chapeau lilas, cachemire et robe de soie verte, qui vient de rentrer ; en me chargeant de lui retenir une loge à l'Opéra, m'a donné tout à l'heure son nom que j'ai eu la maladresse d'oublier, disait Folleville au portier de la maison, après y être entré derrière la dame.

— Ah ! ah ! madame Dufresne, au deuxième étage sur le devant, la sonnette à pied de biche.

— Cette dame est-elle seule en ce moment, que vous pensiez? demanda Adrien en plaçant une pièce de cinq francs dans la main du cerbère.

— Cela doit être, car j'ai vu il y a un instant sortir sa femme de chambre.

— Merci!

Et cela dit Folleville s'élança sur la montée, gravit les deux étages et sonna.

Ce fut madame Dufresne qui vint ouvrir en personne, et recula de surprise en jetant un petit cri à la vue du jeune homme qu'elle reconnut aussitôt.

— Quoi, monsieur, vous osez vous présenter ainsi chez moi, vous qui m'êtes inconnu, et sans ma permission? fit la dame d'un ton mi-sérieux.

— Vous excuserez sans doute ma témérité, madame, en apprenant que cette démarche qui vous offense, est en l'intention de vous restituer cette bague qui doit vous appartenir et que j'ai trouvée après votre départ, aux pieds de la chaise que vous occupiez aux Tuileries, disait Folleville en ôtant de son doigt une bague surmontée d'un brillant à lui appartenant.

— Monsieur, je vous remercie de cette prévenance délicate, mais cette bague ne m'appartient pas.

Tout en conversant ainsi, Folleville avait

gagné du terrain, et se trouvait au milieu d'une élégante salle à manger, dont la dame avait fermé la porte, ce qui équivalait à une réception.

— Alors, madame, soyez assez obligeante pour vouloir bien conserver ce bijou jusqu'à ce que son véritable propriétaire vienne vous le réclamer, reprit le jeune homme en refusant de reprendre la bague que la dame voulait lui rendre après l'avoir examinée.

— Mais, monsieur, personne ne s'avisera de me faire cette réclamation.

— Alors, madame, vous en ornerez l'un de vos jolis doigts si blancs, si effilés...

Voulez-vous bien me permettre de m'asseoir un instant?

— Asseyez-vous, monsieur, répondit madame Dufresne en indiquant un siége.

— Est-ce que vous ne consentez pas à vous asseoir aussi? Il me serait si doux de continuer avec vous la conversation que nous avons commencée aux Tuileries.

— Vous êtes terriblement insinuant, monsieur.

— Et vous, adorablement adorable!

— Monsieur, j'attends mon oncle et il me désobligerait fort qu'il vous trouvât ici, je vous prierai donc de vous retirer.

— Soit, mais pour me permettre de revenir, quand ?...

— Eh bien, demain soir à huit heures, pour reprendre votre bague, mais à la condition que vous allez vous éloigner à l'instant même.

— A demain soir, madame, et merci, cent fois merci, pour le bonheur que vous daignez me promettre.

Ayant dit, Folleville s'empara vivement de la main de la dame pour y déposer un baiser, avant qu'elle n'eût eu le temps de s'opposer à cette témérité, et s'éloigna aussitôt en répétant :

— A demain soir !

FIN DU PREMIER VOLUME.

TABLE DES CHAPITRES.

		Pages
Chapitre	I.	1
—	II.	27
—	III.	67
—	IV.	111
—	V.	139
—	VI.	174
—	VII.	215
—	VIII.	247
—	IX.	279

FIN DE LA TABLE.

Fontainebleau — Imp. de E. Jacquin.

37, rue Serpente, à Paris.

LIBRAIRIE

DE

ALEXANDRE CADOT

ÉDITEUR

DE MM. ALEXANDRE DUMAS, GEORGE SAND, PAUL FÉVAL, XAVIER DE MONTÉPIN, PAUL DUPLESSIS, EUGÈNE SUE, PAUL DE KOCK, GONDRECOURT, Marquis DE FOUDRAS, ALEXANDRE DUMAS fils, PAUL MEURICE, HENRY DE KOCK, Mme CHARLES REYBAUD, G. DE LA LANDELLE, ADRIEN ROBERT, MAXIMILIEN PERRIN, ALEXANDRE DE LAVERGNE, LÉON GOZLAN, ÉLIE BERTHET, CHARLES DESLYS, ROGER DE BEAUVOIR, ADRIEN PAUL, CHAMPFLEURY, ALPHONSE KARR, ERNEST CAPENDU.

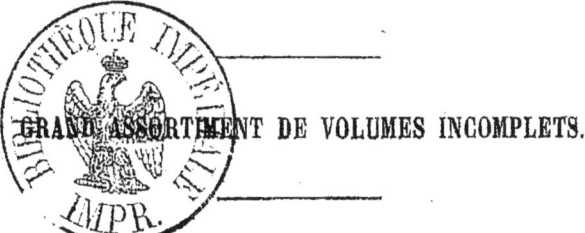

GRAND ASSORTIMENT DE VOLUMES INCOMPLETS.

Toutes les lettres non affranchies seront refusées.

Octobre 1858.

ALEXANDRE CADOT

ÉDITEUR, 37, RUE SERPENTE, A PARIS.

Les lettres non affranchies seront refusées.

NOUVEAUTÉS TERMINÉES.

OCTOBRE 1858.

Les Louves de Machecoul, par Alexandre Dumas. — 10 vol. 50 fr.

Rose Fargell, par Alfred de Gondrecourt. 4 vol. 18 fr.

Le Château de Piriac, par Xavier de Montépin. 4 vol. 18 fr.

La Duchesse de Lauzun, par la comtesse D'Ash. — 6 vol. 27 fr.

— 4 —

Mémoires d'un Policeman,

publiés par Alexandre Dumas. — 2 vol. 10 fr.

Les Mystères du village, par Henry de Kock.

5 vol. 22 fr. 50.

La Fabrique de Mariages,

par Paul Féval. — 8 vol. 36 fr.

Le Pré Catelan, par Ernest Capendu.

3 vol. 13 fr. 50.

La Fille d'une Joueuse,

par Madame Ancelot. — 2 vol. 8 fr.

Le Club des Damnés, par G. de La Landelle.

3 vol. 12 fr.

Les deux Couronnes, par le Marquis de Foudras.

2 vol. 9 fr.

Les Mormons, par Paul Duplessis. 1re partie.

3 vol. 13 fr. 50. — Il y aura une 2e partie en 5 vol.

Fanfan la Tulipe, par Charles Deslys. — 2 vol. 8 fr.

Les Baleiniers, publiés par Alexandre Dumas.
3 vol. 15 fr.

Salvator le Commissionnaire,
par Alexandre Dumas. — Tomes 9 à 12, 4 vol. 20 fr.
Les tomes 13 à 15 et derniers paraîtront prochainement.

Le Masque rouge, par Xavier de Montépin.
5 vol. 22 fr. 50.

Le Chevalier de Floustignac,
par Adrien Paul. — 4 vol. 16 fr.

Le Capitaine Richard, par Alexandre Dumas.
3 vol. 15 fr.

Les Secrets de l'oreiller, par Eugène Sue,
7 vol. 35 fr.

La Vierge aux Pervenches,
par Adrien Robert. — 3 vol. 12 fr.

Black, par Alexandre Dumas. — 4 vol. 20 francs.

La Jarretière rose, par Charles Deslys.

3 vol. 12 francs.

Thérésa, par Adrien Paul. — 2 vol. 8 francs.

Le Nœud de Ruban,

par Madame V. Ancelot. — 2 vol. 8 francs.

Les Beaux Messieurs de Bois-doré,

par George Sand. — 5 vol. 25 fr.

L'Horoscope, par Alexandre Dumas. — 3 vol. 15 fr.

Le Chasseur de Sauvagines,

par Alex. Dumas. — 2 vol. 10 fr.

L'Officier de Fortune, par Xavier de Montépin.

7 vol. 31 fr. 50.

Les Compagnons de Jéhu, par Alexandre Dumas. — 7 vol. 35 fr.

Le Baron d'Arnouville, par Alfred de Gondrecourt. — 4 vol. 18 fr.

Nicette, par Adrien Paul. — 2 vol. 8 fr.

Le Millionnaire, par Paul de Kock. — 5 vol. 25 fr.

Les Errants de nuit, par Paul Féval. 5 vol. 22 fr. 50.

Deux filles à marier, par le marquis de Foudras. — 2 vol. 9 fr.

Jeanne de la Tremblage, par Xavier de Montépin. — 3 vol. 13 fr. 50.
Complément de la *Reine de Saba* et du *Château des Fantômes*.

Madame du Deffand, par Alexandre Dumas. (Inédit). 8 vol. 40 fr.

Les Femmes de la Bourse, par Henry de Kock. — 2 vol. 8 fr.

Les Chauffeurs, par Élie Berthet. — 5 vol. 22 fr. 50

Les Compagnons du silence, par Paul Féval. — 9 vol. 40 fr. 50

Le dernier des Flibustiers, par G. de La Landelle. — 5 vol. 20 fr.

Le Roi des Rois, deuxième et dernière partie des *Flibustiers,* par G. de La Landelle. — 5 vol. 20 fr.

Une Femme forte, par madame Roger de Beauvoir. 2 vol. 8 fr.

Le Cochon de Saint-Antoine, par Charles Hugo. — 3 vol. 15 fr.

Le Cadet de Famille, par Alexandre de Lavergne. — 3 vol. 13 fr. 50.

Blanche Mortimer, par Adrien Paul.

. . . . 4 vol. 16 fr.

Les deux Bretons, par Xavier de Montépin.

. . . . 6 vol. 27 fr.

Les Compagnons de Minuit,

par Charles Deslys. — 3 vol. 12 fr.

L'Été de la Saint-Martin, par Alfred de

Gondrecourt. — 2 vol. 9 fr.

Souvenirs intimes et anecdotiques d'un Garde-du-Corps des rois Louis XVIII et Charles X, publiés par X. de Montépin.

Première série . . . . 5 vol. 22 fr. 50
Deuxième et dernière série . . . 5 vol. 22 fr. 50

Le Mariage aux écus, par Maximilien Perrin.

2 vol. 8 fr.

Le secret du Docteur, par Madame Roger de

Beauvoir. — 2 vol. 8 fr.

Madame Gilblas, par Paul Féval.

1ʳᵉ partie. Madame Gilblas. . . . . . 4 vol. 18 fr.
2ᵉ — Mes vingt ans. . . . . . 7 vol. 31 fr. 50
3ᵉ — La princesse Maxima . . . 5 vol. 22 fr. 50
4ᵉ — Mes amours (fin) . . . . . 6 vol. 27 fr.

Une route sans issue, par Madame Ancelot.

2 vol. 8 fr.

Le Meneur de loups, par Alexandre Dumas.

3 vol. 15 fr.

Le Bonhomme Maurevert, par le marquis de Foudras. — 2 vol. 9 fr.

Les Diables roses, suite et fin de *Jean qui pleure et Jean qui rit,* par Adrien Robert. — 4 vol. 18 fr.

Les Œufs de Pâques, par Roger de Beauvoir.

2 vol. 8 fr.

La Demoiselle du cinquième,

Par Paul de Kock. — 6 vol. 30 fr.

Le beau Favori, par le marquis de Foudras.

3 vol. 13 fr. 50.

L'Aveugle de Bagnolet, par Charles Deslys.

3 vol. 12 fr.

Les Couteaux d'or, par Paul Féval.

2 vol. 9 fr.

Mademoiselle La Ruine,
par Xavier de Montépin et E. Capendu. — 5 vol. 22 fr. 50.

La Nanette, par Prosper Vialon.

3 vol. 12 fr.

Un Carnaval de Paris, par Méry.

3 vol. 13 fr. 50.

Les cœurs d'or, par Marc Le Prevost.

3 vol. 12 fr.

Le Batteur d'Estrade, par Paul Duplessis.

3 vol. 13 fr. 50.

La Fille de la Vierge, deuxième et dernière partie du *Batteur*. — 5 vol. 22 fr. 50.

La meilleure part, par G. de La Landelle. 4 vol. 16 fr.

Les Fils de famille, par Eugène Sue. 9 vol. 45 fr.

Quintin le Forgeron, par Charles Deslys. 3 vol. 12 fr.

Elie, par Marcel Chasseriau. — 2 vol. 8 fr.

Monsieur de Boisdhyver, par Champfleury. 5 vol. 20 fr.

Evenor et Leucippe, par Madame George Sand. 3 vol. 15 fr.

La Maison Dombey père et fils, par Charles Dickens. — 5 vol. 20 fr.

Les Amours mortels, par Adrien Robert.

2 vol. 8 fr.

La dernière Fée, par James, traduit de l'Anglais

par Nettement. — 1 vol. 4 fr.

Une Anglaise sur le Continent,

par Prosper Vialon. — 4 vol. 16 fr.

L'Amour à l'aveuglette, par Maximilien Perrin.

2 vol. 8 fr.

Le comte de Vermandois, par le bibliophile

Jacob. — 7 vol. 28 fr.

La Syrène, par Xavier de Montépin.

2 vol. 9 fr.

La Princesse Palatine, par la comtesse Dash.

3 vol. 12 fr.

La comtesse de Bossut, suite de la *Princesse Palatine*, par la comtesse Dash. — 3 vol. 12 fr.

Mademoiselle de Pons, suite et fin de la Princesse Palatine et de la Comtesse le Bossut. Par la comtesse Dash. — 3 vol. 12 fr.

Georgine, par Madame Ancelot. — 2 vol. 8 fr.

Un Portier qui se dérange, par Marc Leprovost. — 3 vol. 12 fr.

SCEAUX. — IMPRIMERIE DE MUNZEL AÎNÉ.

Dernières Publications de Paul Féval,

toutes terminées et sans suite.

LA FABRIQUE DE MARIAGE,	8 vol. 36 fr.	»
LES ERRANTS DE NUIT.	5 vol. 22 fr. 50	
MADAME GILBLAS.		
1° Madame Gilblas.	4 vol. 18 fr.	»
2° Mes vingt ans.	7 vol. 31 fr. 50	
3° Princesse Maxime.	5 vol. 22 fr. 50	
4° Mes amours.	6 vol. 27 fr.	»
LES COMPAGNONS DU SILENCE.	9 vol. 40 fr. 50	
LES COUTEAUX D'OR.	2 vol. 9 fr.	»
LE CAPITAINE SIMON.	2 vol. 9 fr.	»
BLANCHE FLEUR.	2 vol. 9 fr.	»
LA SOEUR DES FANTOMES.	3 vol. 13 fr. 50	

Dernières Publications de Xavier de Montépin,

toutes terminées et sans suite.

LE CHÂTEAU DE PIRIAC.	4 vol. 18 fr.	»
LE MASQUE ROUGE.	5 vol. 22 fr. 50	
L'OFFICIER DE FORTUNE.	7 vol. 31 fr. 50	
LES DEUX BRETONS.	6 vol. 27 fr.	»
JEANNE DE LA TREMBLAYE.	3 vol. 13 fr. 50	
MADEMOISELLE LA RUINE.	5 vol. 22 fr. 50	
SOUVENIRS D'UN GARDE-DU-CORPS.	10 vol. 45 fr.	»

Dernières Publications d'Alexandre Dumas,

Toutes terminées et sans suite.

Salvator le Commissionnaire, t. 9 à 16.	8 vol. 40 fr.
Les Louves de Machecoul.	10 vol. 50 fr.
Les Baleiniers.	3 vol. 15 fr.
Le Capitaine Richard.	3 vol. 15 fr.
Mémoires d'un Policeman.	2 vol. 10 fr.
Black.	4 vol. 20 fr.
L'Horoscope.	3 vol. 15 fr.
Le Chasseur de Sauvagines.	2 vol. 10 fr.
Madame du Deffand.	8 vol. 40 fr.
Les Compagnons de Jéhu.	7 vol. 35 fr.
Le Meneur de Loups.	3 vol. 15 fr.
Le Lièvre de mon Grand-Père.	1 vol. 5 fr.
Journal de Madame Giovani.	4 vol. 20 fr.
Les Grands Hommes en robe de chambre.	
1° Henri IV.	2 vol. 10 fr.
2° Richelieu.	5 vol. 25 fr.
3° César.	7 vol. 35 fr.
Les Mohicans de Paris.	19 vol. 95 fr.
Salvator le Commissionnaire suite des Mohicans (terminé).	16 vol. 80 fr.
Médine et la Mecque.	6 vol. 30 fr.

Dernières nouveautés de Paul Féval.

La Fabrique de Mariages . . . 5 vol.

Madame Gil Blas.
- Première partie, **Madame Gil Blas** . . . . 4 vo..
- Deuxième — **Mes vingt ans.** . . . . . . 7 vol.
- Troisième — **La Princesse Maxime** . . . 5 vol.
- Quatrième — **Mes amours.** . . . . . . 6 vol.

Les Errants de nuit . . . . . 5 vol.

Les Compagnons du silence . . . 9 vol.

Les Belles de nuit . . . . . . 8 vol.

Les Parvenus . . . . 3 vol.

La Sœur des fantômes . . . . 3 vol.

Blanche fleur . . . . 2 vol.

Le capitaine Simon . . . . . . 2 vol.

La Fée des Grèves . . . . . . 3 vol.

Le Tueur de tigres . . . . . . 2 vol.

Fontainebleau, imprimerie de E. Jacquin.

www.ingramcontent.com/pod-product-compliance
Lightning Source LLC
Chambersburg PA
CBHW072010150426
43194CB00008B/1061